《在基督里得自由门徒训练系列》
第一册

自在做自己

享受你在基督里的真性情

司提夫·高斯（Steve Goss）

本书内文的版权©2008司提夫·高斯（Steve Goss）

此版本的版权©2008策恩·哈得逊出版社（Lion Hudson IP Limited）

根据版权、外观设计和专利法1988（英国），
司提夫·高斯拥有此作品的著作权。

2008年初版

本书已被列入大英图书馆（British Library）的书目。

如非特别注明，所有经文皆采用新标点和合本圣经

献呈

谨将本书献呈给爱我的父母艾维和南西·高斯（Eifion and Nancy Goss）。今时今日，我经常遇见很多人，他们的父母都没有以神心目中的方式照顾以及养育他们。这让我深深体会到，能在一个满有爱、尊重和支持的环境长大是何等幸福。我十分感激父母牺牲舍己的爱、细心的教导和不断的鼓励，到今天，他们还是这样厚待我。

自在做自己

目录

特别鸣谢	6
活出神所创造的你!	8
过去你是怎样的人	12
出生时你是谁	20
你如何努力活出真我	28
现今你是谁	34
成为神所造的你	54
你就是你(信不信由你)	60
自在做自己	78

特别鸣谢

我能够帮助别人成为结果累累的门徒，大部分知识都是尼尔·安德森（Neil Anderson）教导我的。他是The Bondage Breaker（中译名：《击开捆锁》）、Victory Over The Darkness（中译名：《胜过黑暗》）以及其他书籍的作者。如今这些著作已被众多基督徒奉为经典，这也是实至名归。

我能够待在尼尔身边，在许多聚会聆听他的教导，跟他合作撰写《在基督里得自由门徒训练课程》（Freedom In Christ Discipleship Course），我也在四处服事期间有机会向他请教并且学习，这些都是我极大的荣幸。

我感到主正在催促我执笔撰写这套门训系列的辅助书籍，我最先做的，就是征询尼尔的同意。毕竟，对于在基督里得自由这个伟大的圣经原则，尼尔的教导已成了我生命的一部分，我所写的一切也离不开他主要的教学系统。

尼尔绝对有权对我这个提议说"不"。要是他这样说，我便会立即放弃这个写作计划。然而，他却积极地鼓励我好好着手去做，甚至提出为这套辅助书籍写序言。

为此，也为了他在过去多年对许多人的谆谆教诲，我深深感激这位神的仆人。尼尔至今仍然四出奔跑，到处宣讲这个转化生命的信息。

同时，我也十分感谢莫纳出版社（Monarch）的托尼·柯林斯（Tony Collins）和罗德·谢泼德（Rod Shepherd），借着他们的协助，这套辅助书籍才可以顺利出版。我还要感谢在基督里得自由事工极棒的事奉团队，因着他们不断的支持，毫不计较以及甘心摆上的服事，这个信息才能在各地的教会开花结果。

活出神所创造的你!

有些书籍令我十分厌烦,它会向你保证,只要做了第一、第二、第三、继而做第四步,你的生命就会有所改变,你就能相安无事。如果你想找这一类的书,此书并不适合你。

此书不会告诉你"要振作起来",或"要更虔诚地祷告"。如果我写这本书是让你以为你要"加倍努力",或做类似的事情,我必失败无疑。

这本书是为每一位想全然发挥神赐给自己的潜能之人而写,特别是对曾经受负面事情的影响,对这信念不抱乐观态度的人而写。

我只想带你回到你决志接受基督的那一刻,并向你解释,为什么这是你一生的关键时刻。

你当然已经认识这个真理,但是你若跟我一样,从来没有人跟你解释过,决志接受主这件事如何重要,这不只关乎永恒,更关乎你今生如何生活。决志信主为你带来前所未有的改变,生活中琐碎的事从此不再一样:预备考试、感冒卧病在床、应付工作压力、隔着篱笆与邻居闲话家常等。

请暂停下来,问自己一个问题,并且诚实地回答——不要对自己太宽松,也不要太苛刻。预备好了吗?这个问题是:你一直都能活出神创造的那个你吗?

你可能从此书的题目猜到我的回应：是的，你可以！但也请你稍为忍耐，我所能做、最差劲的莫过于把你带进某种情绪化的幻觉里，让你寄情于某种否认现实的错误信念。这绝不是我要做的。

事实上，整本圣经都很清楚地记载，神期望我们活出讨他喜悦的生命。他说如果我们住在他里面，就会多结果子（约翰福音15:5）。他说我们要完全，像他那样完全（马太福音5:4）借着他，我们凡事都能做（腓立比书4:13）。

神真的这么想吗？我相信他的确是。神**真的是**这个意思，他不单单是指"属灵"或"神学"的事情吗？如果你用最显而易懂的方式去解读耶稣所说的话，这些字句正是你心目中的涵意吗？让我用一个比喻来说明，假设我要去商场购物，你请我帮你买巧克力棒，我说：好，我帮你买。当我从商店回来，你一定满怀期望，我会给你一个真实的巧克力棒，你可以打开并且享用。你不会预期我这样说："你只要相信，我已经给你巧克力棒了"或"你没有实体的巧克力棒，但是在属天的领域，你拥有这巧克力棒。"不会的，你期待会得到我所承诺的巧克力棒。让我把谜底揭晓吧，我相信神所做的，正是这样。如果他说你可以成为他心目中的人，这事必能成就。

神如此爱我们，差遣他的独生爱子为我们死，他不会这样对我们说："来，跳过这个栏杆。来，跨过去。"他深知这栏杆太高，我们根本无法跨过，一旦试着跨过，整个人就会趴倒在地，神不是这样的。如果神说我们可以完成某件事，或成为某种人，根据上述的说法，我们一定可以成事。

我不知道你怎样想，但我确实相信，**没有任何事**能拦阻你成为结果子的门徒，借此去荣耀神，全心全意按他的旨意而活。因为这是神所说的，他就是神！成为结果子的门徒去荣耀神，这是你所渴望的吗？

我们的困难往往不是能否明白神所说的，反而是基于过去的经验和感觉所告诉我们的。

请暂时把你的感觉放在一旁，让我可以解释清楚。我要跟你分享的并不是什么新事物，我只是要让你看见，两千多年前主耶稣所成就一连串的事迹，他合情合理的言论是多么震撼，又多么革新，多么难以置信，然而有很多人却不相信。耶稣所带来的成果是：完全没有任何事、任何人，可以拦阻你成为神心目中的那个人。任何困难的环境、任何可怕的事情，任何强势的人物都无法阻止你达成神对你的旨意。

这件事情不单止会发生在蒙拣选的少数人身上，对所有的基督徒也是一样（其实对非基督徒也一样）。特别是对已经"想方设法的人"、感到疲惫或梦想破灭的人、经历诸多困境的人、曾经委身给基督，现在却怀疑自己是否得救的人也是一样。

虽然这本书好像与你有关，其实这是与**耶稣基督**有关——他所做的，他是谁，他奇妙的资源，他国度的宗旨，以及他呼召你入住、让人兴奋的地方。此书让你认识他是何等美好，我们只需要来到他跟前，将自己全然奉献给他。

时候将到，一个盛大的筵席即将举办，这是前所未有的。号筒将要吹响，新郎耶稣会迎娶他的新妇——教会。新妇要预备整齐，穿上细麻衣。有一个婚宴即将举行，新纪元将要开始，你将会参与在其中。

这本书是要帮助你预备去迎接那个时刻，并且把荣耀归给神。请你以你的本相站起来吧！

过去你是怎样的人

要了解我们为何会成为今天的模样,我们先要察觉到,无论是我们自己,还是成长的环境,两者都不是按着神的心意去发展,其实两者的差异很大。

我最近看了一部电视影集,影集里人们在追溯自己的家族史,因而发现祖先某些过去的事情。你不需要追溯得太远,就可以发现,每个家族都有他们成功、羞耻或秘密的事情。我也花了一点时间追溯我的家族史。之前我并不知道我的家族有基督教的承传,经过这次追溯,我感到很惊喜,妈妈和爸爸那边都有。我有位曾祖父参与了1900年代的威尔斯大复兴(Welsh revival)。其中一位以弹奏管风琴和创作诗歌闻名,另一位是传道人。如果家族里的音乐天分会延续下来,肯定没有我的份。但是另一方面,我经常讲道,也喜欢讲道——我很想知道,曾祖父的讲道恩赐是否遗传了给我。在这个电视影集里,人们发现了祖先的事迹,感到很激动,这额外的资料彷佛有助他们认识自己多一些。

我相信发现直系祖先的事迹,多少有助我们认识自己。但我们若真的想要了解,为什么自己会成为现今的模样,为什么会有那些内在的驱动力,就必须追溯到更久远的年代,从一对夫妇开始,那就是我们的始祖——亚当和夏娃。

我对最近的一个理论深感兴趣:科学家根据对脱氧核醣核酸DNA的分析,得出了一个结论——人类源自同一位女性(即使他们无法接受,她是那时候唯一的女人),对于Y染色体的分析也让科学家得出结论:人类源自同一位男性。我并不是假装我懂这些科学论证,然而知道了生物学的证据跟圣经所说的吻合是件好事,因为我们很容易就认为,亚当和夏娃的故事只是神话。其实圣经清楚地提到,他们是真实存在的一对夫妇,在人类历史的某段时间,在一个真实的地方生活过(可能在现今的伊拉克某处)。

若想了解我们到底是谁、到底是什么东西在驱使我们,我们可以看看这对夫妻受造以后的生活,因为这有助我们清楚看见,神希望我们如何在世上生活并一展所长。神的目的并没有改变,但是我们若看下去,就会发现有些事情改变了。

创世记1:26-28说:

> 神说:"我们要照着我们的形像、按着我们的样式造人,使他们管理海里的鱼、空中的鸟、地上的牲畜,和全地,并地上所爬的一切昆虫。"神就照着自己的形像造人,乃是照着他的形像造男造女。神就赐福给他们,又对他们说:"要生养众多,遍满地面,治理这地,也要管理海里的鱼、空中的鸟,和地上各样行动的活物。"

这三节经文共三次提到神照着他的形像造男造女。亚当和夏娃管理海中的鱼、天空的鸟、地上各样活物,它们并不是按着神的形象造的。按照创造者的形象被造,这句话令人感到惊讶——它告诉我们,到底我们是谁,以及要成为怎么样的人?

要回答这个问题,我们需要知道神是怎么样的。耶稣与撒玛利亚妇人的对话,为我们提供了一些线索。他对撒玛利亚妇人说:"那真正拜父的,要用心灵和诚实拜他,因

为父要这样的人拜他。"神是个灵，所以拜他的必须用心灵和诚实拜他。（约翰福音4:23-24）

神是个灵。要知道"神是怎么样的？"，也许最基本的答案就是：神是个灵。我们是按照神的形象被造的，因此基本上，我们也是有灵性的。然而我们若是老实人，每当想到我们的身分，大多数人都不认为我们本质上是有灵性的。例如我若在宴会里遇见你，我问你是哪一位？你会怎么说？你会告诉我你的名字，这是很正常的，但是只知道你的名字，我对你的认识却很少。也许你要再介绍你的职业、你的家庭背景、你的喜好或忌讳。这些事情也许很有意思，可是并不能显示你身分的核心——在你生命的深处，你是谁？其实你是按照神的形象受造，因此基本上你跟神一样，都是有灵性的。我不是从你的外貌，而是从你生命的深处看出真实的你。我们都有外在和内在的人格特质。

圣经用了两个字，译者通常会翻成"灵"或"魂"，指的都是内在的我们。神学家为两者具体的关系，已经争辩了好几个世纪。有些神学家说，灵与魂基本上是相同的；有的说"魂"是指思考、感觉和抉择的能力，而"灵"则指可以永存的那部分。我们大概不可能在今生对这个争议下结论，但重点是，我们既有外在的部分（我们的身体），也有内在的部分（我们的灵／魂）。按照神的形象受造的，并不是外在的那部分，而是内在的那部分。外在的那部分无法界定我们的身分，反而是由内在的那部分去界定。

亚当和夏娃跟我们一样，受造时拥有内在和外在的部分，这两个部分也连结在一起。其实肉身活着的正确意思是：内在的你（你的魂／灵）和外在的你（你的身体）彼此相连。

然而亚当和夏娃不单只肉身是活的，在属灵的层面也是活的，两者并不一样，意思是指他们内在那部分（他们的魂／灵）与神相连。我们也是这样受造：一方面，我们的灵与身体相连（肉身是活的），另一方面，我们的灵与神相连（灵命是活的）。

如果亚当的肉身死了，他的灵魂会和身体会分开，但是他还会继续与神相连。正如保罗说的：**我们坦然无惧，是更愿意离开身体与主同住。**（哥林多后书5:8）。他不再拥有自己的身体，但本质上他依旧是亚当。

在我们生命的深处，我们都是有灵性的。姑且停下来，想清楚这件事……你是否觉得，在你身体之外，有个内在的你？你欣赏音乐或赞叹日落美景的动力来自哪里？

事实上，圣经告诉我们，生活中每个范围、宇宙中最终极的事情都是属灵的，不是属物质的。每个看得见的实体都是短暂的，都会过去，但是属灵的东西却会长存（哥林多后书4:18）。看不见的世界和看得见的一样真实（希伯来书11:3）。因此我们最基本的身分——我们是谁，来自内在属灵的那部分，不是外在属肉身的那部分。相比起其他部分，我们内在的那部分界定了我们到底是谁，虽然无法放在显微镜下检视，但这部分却和可以受检视的那部分一样真实。跟一般人的想法刚相反，这部分比我们的肉体还重要。有一天，我们会死去，会脱离这个躯壳，但是我们的灵魂却会永存。

属灵的生命是核心

亚当与神的属灵连结具深远的意义，他的生命与我们与生俱来的极之不一样。亚当在属灵上是活的，相比起仅仅是肉身活着，他的生命素质是截然不同的。

自在做自己

1967年7月,英国广播公司（BBC）播放首个彩色电视节目——四小时温布登（Wimbledon）网球锦标赛现场直播。我所住的区域之发射器可以播放早期的彩色电视节目,我的邻居买了一台彩色电视机。我记得（只有你才明白!）我们整条街一大群居民去他们家的客厅,观看那场网球赛的直播。其实那时候彩色电视机的画质并不好,但是你之前若只能看到黑白的电视画面,当你看到彩色的电视节目,你会感到很震撼。当我们只有黑白电视机时,我们觉得还好,因为没有其他期望;但是看过彩色电视之后,我们进入了一个全新的领域,黑白电视机已失去了它的地位。

人单单是肉身活着,跟拥有丰盛的属灵生命,两者的差别就是这样。当你不认识别的,只认识属肉身的生命,你根本不知道自己欠缺什么。但是你若体验到生命的原貌,你便能活出荣美、丰盛的属灵生命;若只是肉身活着,生命必然是单调乏味。然而,接下来我们会讨论,我们可能拥有神所赐的属灵生命,却不了解它的意义,不了解它有多美妙!

亚当和夏娃在属灵上是活的,到底这是什么意思?属灵的生命和纯粹的肉身生命,两者主要的区别是什么?

价值感

在属灵方面是活的,意指亚当拥有与生俱来的价值感。之前我们说过,神赋予亚当一个奇妙的人生目标:派他管理全世界（创世记1:26）,这是何等独特的目标!

我不知道你怎么样,对我而言,就我的记忆所及,我一直在认真地思考:"生命不只是这样",我一直在寻找生命更深层的意义。其实我一直在寻找自己的价值,这一点与我那两只狗有着强烈的对比。它们只拥有肉身的生命,也是为了肉身的生命受造。只要它们能吃,能睡,出去散步,嗅嗅闻闻别的狗，它们就很快乐。然而，我却无法满足于物质的生命。

亚当肯定不会有这种纠结的感觉，不会感到有不足之处。他不需要探索他的价值或生命的意义——因为他已经拥有这些东西。神创造他，已经包含了这些东西。

安全感

亚当在属灵上是活的，他因而拥有另一些重要的东西——在神面前，他充分感受到自己既安稳又有保障。事实上，这不只是他的感觉，这是他实实在在的体验。神供应他所需的一切，——食物、安全的住所、伴侣、所有的一切。

他不用担心自己的健康或别人如何看他的财务状况。事实上，他不知道什么是缺乏。我不知道亚当和夏娃用什么语言沟通，但我非常确定，他们的词汇没有"需要"这个词。

被接纳

亚当也与神有超凡的亲密关系。他随时都可以跟神讲话，神会全神贯注地聆听。神会温柔地、清楚地、慈爱地回应亚当……试想象这情景！

然后神为亚当造了夏娃，她是他完美的伴侣（创世记1:27、28），他们刚好互补长短。他们蒙神接纳，也彼此接纳。他们赤身露体，却不觉得羞耻——没有什么好隐藏，也没有什么要遮盖。在神面前，他们有亲密的关系。他们有很奇妙的归属感，不只对神，对另一个人也如是。

我们先停下来，想想他们的生活到底是怎么样的。办营会时，我常常邀请大家一起思考，每个晚上，当亚当和夏娃

自在做自己

躺下睡觉时，他们会想些什么。毕竟他们完全没有什么需要挂虑的——不用付抵押金，没有难缠的同事或家人，没有健康的烦恼。较"属灵的"与会者会说，他们会想到神和他的良善。其他人则说，他们会想到对方。

亚当和夏娃是人类历史真实存在过的人，他们并不是某些抽象的神学观念，也不是浮游在伊甸园的空气中，他们有地上的工作要做。他们彼此作伴，十分亲密，这是很深刻的体验，他们极之享受这些乐趣。每晚临睡前，他们都感到十分满足。

他们的世界和我们的大不相同。然而**他们的世界**却是神为我们而设的。与神连结的属灵生命实在是丰盛、奇妙、兴奋。那种生命拥有完全的安全感和真实的意义，没有忧虑，加上亲密、令人感满足的关系。这就是神为我们而设的生命。

他们的世界与我们生下来的世界完全不一样。他们的生活有点像我们在世上早期的生活。然而，我们整个人都是为那个世界、那种生活而造——不是为了一团糟的世界而造。

出生时你是谁

人堕落的后果

亚当和夏娃可以随己意做事情。他们可以吃园中各样的果子,应该有几千种,除了某一棵树的果子不可以吃。他们应该对那棵树没多大兴趣,直到撒但引起他们的注意,试探他们去怀疑神,怀疑他的信实和慈爱。

那时撒但要像蛇一样,在他们脚前爬行。它完全无法伤害他们,无法逼使他们就范,它只能试探以及欺骗他们,可是他们却掉进撒但的圈套。撒但提供给他们的东西,比神的丰足更吸引。它向他们暗示,神没有坦诚地待他们。

他们相信撒但的话,并且吃了那棵树的果子。不顺服神就是圣经所说的"罪"。

神对他们明确地说:只是分别善恶树上的果子,你不可吃,因为你吃的日子必定死!(创世记2:17)他们吃了,他们死了吗?

他们的肉体并没有死,至少存活了900年左右(如果你问我,我会说这是很好的寿数)。到底他们在哪方面死了?他们的属灵生命死了。换句话说,他们的灵原本与神连结,现在中断了。他们的肉体仍然是活的,他们的肉体仍然可以运作(就像我的狗),但是他们却与神和他所赐的丰盛生命隔绝了。

我们会看看，亚当与夏娃犯罪之后，带来了很多不同的、明确的后果。这些后果可以用一个字来总结：死亡。

亚当和夏娃的故事说到这里，似乎与我们完全不相关，与我们日常生活没什么关联，然而却导致下列的困难：亚当和夏娃犯罪以后，在属灵方面失去与神极之重要的连结，他们所有的后代生下来，在属灵方面也与神隔绝了。根据保罗所说的：你们（包括每个人）死在过犯罪恶之中（以弗所书2:1）。很明显地，你的肉体并没有死，你的身体可以运作自如，但是你与神却没有连结，你的灵命是死的。

亚当和夏娃在伊甸园的事迹，有时候会让人以为那只是神话故事，与我们的经历迥然不同。事实上，这是个悲惨的故事。

我知道我们无法想象得到，亚当和夏娃犯罪以后，他们的感觉有多悲惨，多可怕！我们会看得出，在堕落前的一天，亚当和夏娃的灵命还是活着，隔了一天就截然不同，两者有很明显的对比。然而，我们生下来在属灵方面就是死的，实在不知道有什么差别。因此，我们很难察觉到自己里面到底发生了什么事。

亚当和夏娃犯了罪（我们通常说"堕落"），神把他们赶出伊甸园，他们因而失去了原先对神透彻的认识，之前他们也很喜欢这种知识。

在属灵方面是死的，意指他们原本与神亲密的关系突然终止了。忽然间失去这种关系，他们必定是相当震惊。他们再也不能和神说话，也不能再仰赖他的智慧。他们无法再求告神，也不能沉浸在神荣耀的同在里。

这意味着他们必须依靠自己，而不是仰赖神的智慧。他们必须靠自己，不再依赖神，才能获取生命里重要的东西，比如身分、生命的目的和意义。他们不知道该怎样做；不知道该如何行事为人。自从亚当想避开无所不知、无所不在的神，这已成为显而易见的实况（创世记3:7、8）。

保罗在下面的经文这样描述亚当的后裔：他们心地昏昧，与神所赐的生命隔绝了，都因自己无知，心里刚硬。（以弗所书4:18）他们心地昏昧是因为已失去与神的连结，保罗说这是因为他们与神所赐的生命隔绝。请留意，这种属灵的生命（神的生命，他是个灵）就是关键所在。保罗在其他经文也强调，属血气的人（灵命是死的）不领会神的事，唯有属灵的人才能看透他们（哥林多前书2:14）。

当我们来到这个世界：对神没有正确的认识。我们可能知道关于神的事情，却不认识他。除非我们透过耶稣基督，与神建立真实的关系，否则我们从没有真正认识神（哥林多前书2:14）。真正认识神是与他建立亲密的关系，不只是知道关于神的事情。你听过有些人透过互联网认识了对方，透过电子邮件开始交往，然后结婚。但是如果你们不断借着发电邮、上传一些奇怪的照片来建立关系，你们的婚姻会是怎么样？当然不会很亲密！

感觉不好

你能否想象亚当和夏娃犯罪之后，他们的感受如何？天空与河流看起来还是一样，但其实一切都改变了。这一定是有史以来，人类在早晨最糟糕的感受。

他们极之愚蠢，把安全感、价值感以及备受接纳的优势全都丢弃了，也第一次体会到"失去了才懂珍惜"这句话的真正意思。

然后他们立刻体验到与之前拥有的优势完全相反的东西，难以承受一连串从前不曾感受过的负面情绪。这些负面情绪会一辈子留在他们里面，这也是他们的后代之命运。

现在他们受到恐惧和焦虑所困，失去了坚不可摧的安全感。其实圣经首先记录的情绪反应正是亚当所说的：我就害怕！（创世记3:10）有趣的是，圣经在很多地方都命令我们不要害怕！今时今日，焦虑是全世界排名第一的情绪病。

这并不是神创造人类的原意。亚当和夏娃的认知与思想已经改变了。神以他的慈爱创造了他们，他们所拥有的就是安全感，没有别的。忽然之间，完全相反的事情发生了。他们多么期待回到24小时前的光景，但却事与愿违。

亚当和夏娃至少知道，为什么他们深切地渴望回到失去安全感以前的优越地位，我们与生俱来有同样的深切渴求，但却不明白是什么原因。我们并不知道，唯有在慈爱又坚如磐石的神手中，我们才能经历到绝对的安全感。我们只知道，自己常常活在焦虑和恐惧中。亚当从恩典中堕落，亚当的后代因而有极之深切的需要，要回到亚当原先的优越地位。唯有我们相信了耶稣基督，我们才会明白安全感来自哪里，与我们又有什么关连。

亚当和夏娃原本感到自己是有价值的，当他们与神的关系破裂了，马上就出现了完全相反的感受。他们感到自己没有价值，夹杂着罪疚和羞耻。

周围的世界立刻变得很陌生，带着不祥的预兆。

亚当和夏娃起初所拥有、极之美好的事物，现在却变成了我们的强烈需求：我们来到世间，全都想得回亚当和夏娃

自在做自己

当初拥有的价值感。

今天我们听闻很多人的自我形象都很薄弱以及负面。这些都是人类堕落后所带来的问题。

亚当和夏娃原本拥有归属感，也感到备受接纳。他们与神的关系破裂了以后，便强烈地感到被拒绝。每个人生下来都带着这种被拒绝的感受，于是我们便迫切地感到需要被接纳。

这就是为什么，人若要独自对抗别人所说所想的，需要很大的勇气。我们极之需要归属感、需要融入社群，得到别人的接纳。

起初亚当和夏娃里面拥有神的能力，没有任何事可以拦阻他们成为神心目中的人、作神要他们做的事。但这一切却彻底改变了，现在他们必须靠赖自己的能力和资源。

你呢？你来到这世界，神创造了你，原本是叫你拥有安全感、价值感，也感到备受接纳。但是长大之后，你渐渐明白，你并没有安全感，不感到自己有价值或受到接纳，至少不是每个人都认为你是这样。

因此，从很早期开始，在成长的过程中，我们或多或少都想掌控自己的生命。我们多少都会觉得，在世上生活，我们无法掌控身边的事情，因而感到孤单。说实话，我们被造不是要掌控周围的事情，而是要完全仰赖神，可是我们却不明白这个真理。更重要的是，我们不认识神，因此，我们只能选择努力掌控自己的命运。

有些人比别人更有能力掌控自己的命运，但是到头来却没有人可以完全掌控自己的环境。即使是世上最有财有势的人，也不能永远掌控身边的事情。到最后，他们必须屈服于无法掌控的事情，可能是战争，可能是自身的健康。

美国的百万富翁马尔科姆·富比士（Malcolm Forbes）是世界上的首富之一。他拥有八栋房子，包括在摩洛哥的皇宫、法国的城堡、斐济群岛的一座岛屿。他收集了2200幅画作、12颗俄国沙皇的法贝热珠宝彩蛋。有一次他接受电视台的访问，他说："我只想要长寿一些，享受我所拥有的这一切。"主持人问他："你相信人死后有生命吗？"他回答："死后的生活不足以和我现在的生活相比。我现在所过的是最好的生活，没有什么比它更好！"几个月后，富比士离世，他拥有的一切财富都不能使他长寿一点，况且他拥有的财富都不能保障他，使他在神面前站立得住。

我见过一些人，有男有女，他们患了厌食症，我看到他们在基督里得着自由之后，便不再受厌食症的缠绕。厌食症是一种致命的疾病，最糟糕的案例：厌食者会不知不觉地结束自己的生命。媒体告诉我们，罹患这种疾病的人，通常想要变瘦、要有吸引力。当然，自我形象是其中一个问题；但是根据我的经验，自我形象并不是主要的问题。其实这是人们为了处理失控的感觉，发展出一种应对的心理机制。有一案例：珍是个牧师的太太，她的饮食大部分时间都算正常，但每当她面对压力，感到无法掌控自己的世界，她就会绝食。她好像得出结论，她无法掌控"外面"的世界，因此她就会刻意忘记，专注在可以控制的事物，借此消除压力，对她来说这就是绝食。患这类疾病的人，透过这种操控的方式感到满足。他们用尽所有的精力来掌控自己的身体，就可以避开更深层的问题。只要他们把失控的感觉交给神，也把结果交给他，就像亚当和夏娃堕落前按本能就做得到的，他们就可以得着释放。

自在做自己

我半职经营一个小型的邮购生意，它让我有机会学习大部分信心的功课。我注意到，在我的营商生涯里，当财务变得紧缩时，我会忽视最主要的问题（因为它在我的掌控之外），却会专注于不重要、却感兴趣的事情。我本该安排付款给一个大型的供应商，如果我不快些采取行动，他可能会取消我的赊购；我反而花一整天，埋首处理琐碎的电脑问题。我这样做，只是在采取类似的行为模式。

也许世界上最悲哀的人，就是那些想掌控别人的人，希望借此掌控他们的世界。他们想操纵别人去做对的事或说对的话。这样的做法有短暂的果效，但却会日久失效。想控制别人的人，想必是你所遇过、最没安全感的人。

根据上述所提及的事情，我们可以推测，亚当和夏娃也会感到沮丧以及生气。他们怎么可能不沮丧、不生气呢？同样地，我们的经验也反映出这一点。几年前，在英国有人做过一项研究，25%的女性和10%的男性在65岁以前，至少都有一次临床确诊，患上了抑郁症。为什么女性比男性更容易得抑郁症？这也许和他们跟谁住在一起有关吧！

你若能得出正确的理解，神原先的的计划是怎么样，现在又变成怎么样，你也会感到颇为忧郁并且生气，就算你只是想到亚当的罪对你产生的影响，你也会有这样的感受，因为其中的后果是这么严重，我们几乎无法承受。

你如何努力活出真我

几年前我和数位朋友开车到湖区过新年。我载大家爬上湖畔,开了公司的车,那是全新、闪亮、红色的大房车。这是我第一辆主管级的车,因此我感到很自豪。新年那一天,天气很棒,所以最好就是在早上开车,观赏美不胜收的风景。我们开车前往一条窄小的路,一直沿山边走,然后去到可以欣赏美景的地方。我们开车到一个地方,看见路旁有一个手写的大型告示牌:"危险,前面有冰!请回头。"但前面的路看起来很安全,况且阳光普照,所以我没在意这个标示。我们开始爬斜坡,山边的窄路越来越陡峭。这时我忽然发现,引擎发出的声音比平常大,我的朋友说,这表示车轮正在透明薄冰里打滑。那里路太窄,车不可能停下来调头,我们只能让车轮继续在薄冰里打滑,继续向山上走,我们身陷险境,贴着山崖缓慢行驶,直到找到一处车子可以转身的地方。然而难题还没有完全得到解决,我们必须沿着同一条陡峭、布满薄冰的山路往下走,下山时很危险,希望不会从崖边掉下去。最糟糕的是,我们在途中遇到一些迎面而来的车子,他们的轮子也在疯狂地打滑。由于大家十分贴近山崖,两车只能紧贴前进,车子的其中一边只看得到一条狭窄的空隙。45分钟后,我们终于抵达之前的告示牌,也学懂了一生难忘的教训。

正如亚当和夏娃在人生旅程中受骗,我们的人生表面看来还好,可是结局却不理想。我要提出一个重大的问题:我们怎样才能回到从前?

这是亚当和夏娃犯罪之后的早晨所面对的难题，他们一生也离不开这个难题：有可能回到从前吗？好像真的没有路可以回到从前。打从我们出生后，即使我们不完全了解自己的处境，不知道该如何清楚地表达自己的想法，这也是我们全都无可开避免的问题。从很早的时候，我们就努力想回到从前，回复神原先的创造。虽然我们无法了解，但是我们都很想回到亚当和夏娃原先被造的样式，因为这是我们原本被造的样式。

我们可能不太了解，为什么我们对于价值感、安全感以及备受接纳的渴求是那么强烈，那么迫切。我们也无法清晰地表达这些内心深处的感受，可是我们的本能却驱使我们去满足这些渴要。

顺便说说，想要满足这些需要并没有什么错，神创造我们，使我们在他里面拥有安全感、有自身的价值，也感到备受接纳。我们受造就是要拥有这些东西。我们想要有安全感，想知道自己有价值，想感受到自己无条件地按着自己的本相得到接纳。

可是我们可以回到亚当和夏娃堕落之前的光景吗？抑或是别无选择，只能留在山上，任由轮胎打滑，抑或是更糟糕——坠下山崖？

世界给我们虚假的承诺

我们长大以后，会按着自己的本能寻找回到始点的路。世界告诉我们，它可以带我们回去。其实它不断作出大胆的承诺，说这就是回到始点的路，它可以满足我们最深切的需要。

世界说，如果你借着卓越的成就建立了良好的资历，又

自在做自己

或是成为优秀的运动员……如果你成功地日理万机……如果你做得到人们所期待的，还有……你就有价值。

世界说：如果你想要有安全感，你就要拥有财富，要有好的收入和豪宅；又或炫耀在世间财富的象征——名牌服饰、华丽的车子，人们就会以为，你有钱买得起这些东西，他们就会敬重你。这样你就能拥有安全感。

你想要备受接纳吗？世界会说，要想办法让人喜欢你。你只需要有出众的仪表，有很多途径——最新款的服饰、吸脂手术等。你需要令其他人景仰你，甚或羡慕你。如果你想要亲密的关系，世界会说，你可以透过性行为获得。很多人听信这谎言，就随便与人发生关系，因为他们迫切渴望得到别人的接纳，得到受造时所拥有的亲密关系。

如上文所述，我们要记住，想拥有价值感和安全感，感到备受接纳本身并没有错，你受造时就是这样。然而，世界所能给我们最好的这一切，到头来都是行不通，因为这些东西全都建基于我们的作为，出于自己的努力。然而每个人的内心深处，都渴望按照自己的本相无条件被爱，而不是因为我们的作为。我们的外表、表现以及社会地位，永远不能重拾亚当和夏娃当初所失去的。

顺便一提，虽然世界给我们的承诺在某程度行得通，至少能维持一段时间。当我们有良好的表现时，便会感到自己有价值；当银行帐户有存款，而且存款不断增加，我们便会感到安稳；当别人仰慕我们，便会觉得备受接纳。其实这些感觉绝对不会持久。没有人可以一直遥遥领先，只要股市崩盘或遇到恐怖攻击，我们就会醒悟，财富不能给我们安全感；没有人可以永远保持美貌。

有些人拥有世界所提供、最美好的一切，他们往往最先醒悟到，世界的承诺到头来是虚空的。想想旧约所罗门的亲身经历，他是以色列全盛时期的王，拥有一切的地位和权势，可以随心所欲，他也有财力，可以成就他想要的，时至今天，我们仍然会听闻所罗门的矿场。他拥有不同的女子，并且源源不绝，叫全世界的男人羡慕。他一度相信，世界真的可以实现它的承诺。可是当他尝过世界给他的一切之后，他却察觉到，他想要在神以外寻找生命的目的和意义，这是行不通的。当然，他拥有优势，神赐给他超过常人的智慧，因此对于所探索得到的事情，他作出明智的判断。他将结论写在旧约圣经的传道书里，到底他的结论是什么？*虚空的虚空，凡事都是虚空。*（传道书1:2）

伯纳德·兰格（Bernhard Langer）是世界顶尖的高尔夫球名将，他也是基督徒，也有同样的体会："28岁时，基本上我已经实践了大部分的抱负。然而我发现，物质的东西不能使你快乐，除了在银行积攒财富、拥有车子、房子或其他东西，一定还有更重要的事情。你只想要多一些，但却永远不感到满足。"

然而，大多数人永远不会对世界的承诺感到"满足"，他们穷一生的时间想达标。当然，每个人都会同意，金钱在某程度上无法给我们快乐，但有趣的是，很多说这些话的人却活出刚相反的生活，好像金钱才能带给他们快乐。

无论我们怎样再接再厉，怎样穿着打扮让人耳目一新，也无法重拾亚当的生命，因为问题的根源是，我们生下来就与神隔绝，没有神的生命在我们里面。

宗教给我们虚假的承诺

与神建立合宜的关系更能保证我们可以重拾起初的地位。然而，我有一个重大的问题：我们如何做到？

自在做自己

自古以来,不同的宗教人士都察觉到,我们需要取悦神,得到他的接纳。这个想法似乎行得通。但这些宗教人士也得出结论,我们需要达到某个标准、遵行某一套规条。

然而在旧约圣经里,神却清楚地说这行不通。神以律法为基础与人类立约,就好像:如果我们能根据人的努力遵守律法(一套神赐给我们的规条),我们就会蒙福;如果我们无法遵守律法,就会被咒诅。但是我们确实无法遵守律法。

律法无法带给我们亚当和夏娃起初失去的生命(加拉太书3:10,21)。事实上,虽然律法本身是好的,我们却无法遵行律法的要求,结果律法就成为我们的咒诅。保罗解释说:神十分希望律法成为某一类的教师(加3:24)。律法原本的功用是要让我们知道,我们需要基督(加3:24)。它要我们觉察到,因着灵命的死亡,我们的境况是多么无助,也就是说,我们与神隔绝了。

事实上,没有属灵生命的人无法取悦神。他们无法改变这个状况。不同的宗教仍然在散播这个谎言,说我们可以透过自己的努力取悦神。基督教也不例外:教会往往给人这个印象,一点也不出奇——我们可以借着行为取悦神,更普遍的说法是,借着我们的行为维系神的欢心。事实上,我们无法做得到。

你可能认为,现今人人都知道,遵行神的律法无法使我们重拾当初与神合宜的关系。然而我却常常遇见这一类基督徒,虽然他们同意这个观点,但行为却不一致。他们以为靠着行为,只要遵守该做的和不可做的,就可以赢取神的喜悦。他们认为讨神喜悦是要赚回来的,他们一定要达到某些行为标准。

我们通常称这种方法所带来的问题为"律法主义"。它看重外在的行为，不着重内在的委身。神一直很清楚地说，他看重我们的内心，因为我们的行为是由心里发出。信奉律法主义等于掴了神一个耳光，因为它在说：虽然神的恩典已经赦免了我的罪，但却不能使我完全被神接纳，因此我还是需要靠行为。有这种想法的人，往往会出现这些特质：靠己力、不依靠神、论断人。神的心意是要人因着爱他而选择做正确的事情，而不是要寻找神的接纳，又或觉得必须要这样做才行。

世界和宗教以不同的形式许下虚假的承诺，全都建基于相同的、夸张的谎言：我们可以透过某些行为重拾被造时的地位。其实我们什么都不能做。单靠自己，我们回不去从前，我们正陷于绝望的光景。

现今你是谁

面对我们的困境,唯一的解决方案就是恢复我们与神的关系,与神的灵再度连结在一起,再次在灵里活过来。这是我们自己无法做得到的,神主动成就了这些事情。感谢神他满有怜悯和恩典,他找到一个解决方案,他已差了耶稣来。

如果我问你,耶稣为什么要来,你的答案是什么?

其实我已问了这个问题很多次,大多数基督徒都会这样说:"耶稣来,是要赦免我的罪。"这是千真万确的。但是如果我们以为这是耶稣来的主要目的,我们可能无法掌握重点。

我们来看看耶稣怎么说:

> 我来了,是要叫人得生命,并且得的更丰盛。(约翰福音10:10)

上述的经文又出现了"生命"这个词。亚当究竟失去了什么?生命!耶稣来要赐给我们什么?生命!如果你有了这个观念,你就会看到,新约到处都出现了"生命"这个词,而且都出现在最重要的段落。

> 太初有道……生命在他里头,这生命就是人的光。(约翰福音1:1-4)

这段经文有一点很值得留意——生命就是人的光,生命出现在光之前。基本上,属灵的生命才是核心所在。

复活在我,生命也在我。信我的人虽然死了,也必复活。(约翰福音11:25)

换句话说,即使他的肉体已经死去,他的灵命仍然活着。

耶稣跟亚当一样,肉体和灵命都是活的。他属灵的生命来自神,他是耶稣真正的生父。像亚当那样,耶稣也被撒但试探;但是他和亚当不一样,他没有犯罪。

他甘愿走向十字架,忍受难以想象的折磨。他确实为我们的罪死了,用自己的身体,为我们承受罪的刑罚,然而他就用这个方法达成了目标。耶稣为我们死的重点是:他为我们开路,让我们能重拾起初神为我们规划的属灵生命。

人们通常以为属灵生命就是"永生"。有一段时间,我以为永生是基督徒死后才得到的生命。其实我们得到的比这个更好——我们现在就能拥有,生命的素质截然不同,而且可以存到永远。当我们每天面对各种挑战和挣扎时,这种属灵的生命使我们与众不同。其实我们只是重拾亚当堕落时所失去的属灵生命。

神满有智慧,借着我亲切和善、不屈不朽的妻子提醒我。她的父母给她取名佐伊(Zoë),他们可能知道这是指"生命"。然而那时候他们还未成为热心的基督徒,我猜他们只是喜欢这个名字的读音而已。新约圣经有两个希腊词代表生命,第一个是"bios",单单指属肉体的生命,这是"生物"(biology)的字根。然而"Zoë"却是指属灵的生命,是个完全不同层次的生命。路易师(CS Lewis)

在 *Mere Christianity* 第139-140页（中译名：《返璞归真》，麦克米伦出版公司Macmillan，平装本）这样说：

> 大自然的生物物种（就像大自然所有东西一样）总会逐渐走下坡，最后会衰败，只能不断靠大自然的空气、水份和食物等来维持生命，这就是生物。神里面的属灵生命是永恒的，他借此创造了整个不假人手的宇宙，这就是Zoë（属灵生命）的意思。一般的生物与属灵的生命肯定有某些朦胧的、或象征式相似的地方，但只限于一个地方和这地方的相片、一尊雕像和真人的相似之处。一个人从仅仅拥有生物的特质，变成一个属灵的人，他必定是经过了重大的改变，就像一座雕像，从石刻变真人那样。

或者像我先前所说，这有点像彩色和黑白电视机的差别。

属灵的生命让我们重拾自己的价值和安全感，也感到备受接纳。

在约翰一书5:12，约翰说：人有了神的儿子就有生命，没有神的儿子就没有生命。你只可以二择其一，然而你若决定了让主耶稣成为你的主，虽然你可能感觉不到，你现在已经拥有属灵的生命。

当我们成为基督徒，我们的灵再次与神的灵连结在一起，灵命得到重生。我们得以认识神，也能够以亚当和夏娃之前的方式与别人有亲密的相交。

正如我们之前所说的，即使自己不察觉，我们这一辈子都想找回这种属灵的生命。我们与神再次连结在一起，于是我们的灵命再次活过来，也得回随之而来的一切，特别是被造时神已经赋予我们的价值、保障以及接纳。

我们一直在挣扎，努力想找回自己真实的身分，极之希望被接纳、想要有安全感、有价值感，忽然间，问题全都轻易地解决了。如果你是基督徒，你现在就像亚当未犯罪之前那样有价值，有安全感以及备受接纳。

这件事我们很难了解，对吗？因为我们一辈子都在其他地方寻找这些东西，我们不认为这些东西可以在基督里得到满足。我们会再次面对同一个问题：你要相信你的感觉告诉你的（根据你过去的经验）还是相信神的话语告诉你的？我假设你已准备好，无论你的感觉和环境如何，你决定要相信神所说的。在基督里的我们极之需要价值感和安全感，也需要感到备受接纳。到底神有什么话要跟我们说。

你是有价值的

我们可能会根据过去的经验或别人所说的，认为自己没有价值，能力不足或无可救药。然而圣经却告诉我们，这些都不是事实来的。你可以大胆地说："我很有价值！"

以弗所书2:10是我很喜欢的一段经文，它说每个人都是"神的工作"，希腊文的意思是指一件艺术品。在神心目中，你是这么宝贵，神用他的慈爱，煞费苦心把你雕琢成一件伟大的艺术品。我喜欢把神想象成雕刻家，他在我身上精雕细琢，把我这块平平无奇的石头，雕琢成一件美丽的作品。也许你喜欢把自己想象成一幅令人赞叹不已的画作、一首美妙的诗歌或一部情节复杂的小说。

这节经文也告诉我们，神一早已经预备了我们去"行善"，你和我要行的善工不一样，然而宇宙的造物主早已特别为你预备了善工，想到这里，实在让人赞叹不已。他这么认识你，而且已经竭尽所能，确保这些善工适合你。

自在做自己

还有什么安排比神的安排更独特，更有价值呢？

神还有更多、更美好的安排，哥林多前书3:16-17说：岂不知你们是神的殿，神的灵住在你们里头吗？若有人毁坏神的殿，神必要毁坏那人；因为神的殿是圣的，这殿就是你们。

保罗在这里所描述的圣殿，对当时的听众具有特别的意义，他们明白神的殿是何等神圣，这是神在地上的居所。只有大祭司一人才可以一年一次进入至圣所（见希伯来书9:7）。大祭司进入至圣所时，他要洒血，为自己和百姓献上赎罪祭。这与你现今的地位有何等大的差别！唯有大祭司可以进入至圣所，极之恐惧颤惊，一年只可以进去一次。其实你就是至圣所，至高的神、"圣哉，圣哉，圣哉"的神选择住在你里面。

在神面前你不必像大祭司那样畏缩害怕；在基督里，你可以放胆无惧，笃信不疑地来到神面前（以弗所书3:12）。

你对自己惊人的价值还是没有把握吗？请尝试思想这个真理：如果你是世上唯一的人，需要耶稣为自己死，他真的会单单为你死，你就是这么重要。

你拥有安全感

永远的保障

我想起有一次我女儿的朋友来我们家过夜，那时她们才七岁。我听到女儿和这位朋友的对话。她朋友的家人是耶和华见证人的信徒，她们谈到人死后会怎样。我不确定女儿的朋友所说的，是否真的代表耶和华见证人的信仰，但是她却了如指掌。她说耶和华见证人的信徒首先会上天堂，然后其他人也会上天堂。我女儿也很清楚这件事，她说：不对，基督徒会上天堂，其他人会到地狱去。她们沉默了一会儿，然后我女儿继续说：如果你是对的，我也可以上天堂，但是如果我是对的，你就会有麻烦。其实这就是真理，如果我们得不到神的接纳，我们真的会陷入困境。

新约的主旨是要给我们美好的确据：在基督里我们不再有罪疚感，不再受到侵扰，不再孤单或遭受遗弃，我们是绝对稳妥的。神在罗马书用了一整章的经文带给你确据，你不再被定罪（罗马书8:1，2）；他务必使万事都为你互相效力（罗马书8:28）；你不会与神的爱隔绝（罗马书8:35-39）。再没有任何东西能让你变得更稳妥！

可是我曾遇过很多基督徒，他们都没有安全感，怀疑自己是否得救。如果撒但有能力攻击我们，这就是它要对付我们的范畴。对大多数基督徒来说，这是一件困扰我们的事情，会夺去我们的喜乐。然而有些时候，这显然是撒但的介入。我接到这封电邮，是一个比较极端的例子：

我带着渴求、敞开的心接受基督，他遇见了我，我很感恩又快乐。信主三星期之后，我听到有声音问我：

"现在你是神的孩子，你可以做违背神的事吗？"

我的第一个反应是："我不想做任何违背神的事。我爱他。"

"但是你会感受到神的能力，他会阻止你做违背他的事，这不是很棒吗？"

自在做自己

"如果要做违背神的事,莫过于亵渎圣灵,但是我害怕这样做。"

"你可试试看!如果神要阻止你,你就可以亲身体验他的能力和同在;如果他没有制止你,他就知道你并不是存心要这样做,所以,他必会原谅你。"

我真的这样做了(我很愚蠢!!!)我说了那些话,但我并不是存心去说。我只是想试试,看我能否说出这些话。神没有阻止我,我说了之后,马上有声音说:"你已经亵渎了圣灵,神恨你,你注定要下地狱!"

我呼求神的赦免,但是却无法相信神会赦免我。种种亵渎的意念好像机关枪那样投射进我的脑海,充满了亵渎三一神的意念。与此同时,恐惧、痛苦和控诉像一阵风渗入了我的情绪。

以后的三年里,我日以继夜活在这种永无休止的痛苦里。我的学业成绩退步了,我想要自杀。有一天在前往教会途中,这是第二次,我听到有声音说:"放弃吧!大声说你要咒诅神、耶稣和圣灵!神恨你,他不会原谅你,你的基督徒生命是失败的。神没有帮助你,他已经遗弃了你。大声说出来吧!"

我心想:不!不!不!绝不!我越来越痛苦,无法抗拒这声音。我受不了这种痛苦,也感到很挫折,因为多年来,我日夜迫切呼求神的帮助,却觉得他没有帮助我,我对神也很生气。最后我放弃了,说:"我不要……这些讨厌的东西!"我是指思想上的干扰,但当我说了这句话时,那声音说:"你也是在咒诅三一神"。于是我同意我是在咒诅三一神。我虽然没有说出口,却同意这是我的想法。我并不想这样做，但我同意我在咒诅三一神，我感到既挫败又生气。与此同时，内心深处的真我在呼喊："不！"

你也从别人那里听过类似的故事吗？我开始相信，这一定是撒但对我说的话，因为这不像我日常的思想。

我接受了基督，成为神的儿女。但是之后我远离了神，而且我受试探，以为我不再属于基督，因此我没有权利、也无法按照我该有的身分，宣称我是神的儿女。罗马书8:1并不合适我，因为我已经不在基督里，我把自己从神的手中扔了出去。

如果你有什么话要对我说，我会无尽感激！

如果我告诉你，我遇过很多有类似经历的基督徒，你一定会感惊讶。我们要查验这声音的来源，这系列的下一本书会谈到如何处理所听到的声音。现在我们先探讨先前提出、很严肃的问题。有些人无法胜过试探，他们咒诅了三一神，他们会失去救恩吗？下面是我部分的回应：

在我们的经验里，有很多基督徒跟你一样，经历过心思的争战。我们也认识很多基督徒，因着沮丧，他们都做了跟你相同的事情。

你成为基督徒，不单止得着永生，你也成为新造的人。你本来是个让神讨厌的人，现在却变成圣洁、公义，且讨神的喜悦。这都是因为基督在十架为你所成就的，与你的行为和表现完全无关。

耶稣曾这样说（约翰福音10:28-29）：**我又赐给他们**

永生；他们永不灭亡，谁也不能从我手里把他们夺去。我父把羊赐给我，他比万有都大，谁也不能从我父手里把他们夺去。

如果你已经全心全意委身给基督，你可以确信，你在基督里全然稳妥。这样的保障会一直持继下去，不是根据你的表现，而是根据基督为你所成就的。如果你全心全意委身给基督，你一定会有良好的行为和表现（你想做神喜悦的事）。但是如果你犯了错，就像你所描述的那样，就会发生下列的事情：

希伯来书4:15-16——因我们的大祭司并非不能体恤我们的软弱。他也曾凡事受过试探，与我们一样，只是他没有犯罪。所以，我们只管坦然无惧地来到施恩的宝座前，为要得怜恤，蒙恩惠，作随时的帮助。

你会发现耶稣爱你，他体恤你的软弱，让你坦然无惧来到他面前，他怜恤你，也赐恩典给你。

这些错事这么困扰你，我认为是因为你已全心全意委身给基督，你已经出死入生，你确实已经蒙神拯救。不在乎自己犯错的人，其实是犯了不蒙赦免的罪——他们拒绝转向基督，不愿意接受他的救恩。然而你并不是这样。

你遭遇这一切，都是因为你正面对心思的争战。你有一个敌人，它不想你结果子。只要它能说服你相信你不是基督徒，又或相信神已经离弃了你，它就成功了。你可以引用罗马书8:1——如今，那些在基督耶稣里的就不定罪了。其实你的思想充满了定罪的意念。然而重点是：这些定罪的意念全都不是来自神。每个定罪的意念都来自敌人，全都不是真实的。

我们都一直相信，我们的救恩是靠行为而来，所以我们没有安全感。只要我们能了解这荣耀的真理：我们的救恩是根据基督为我们所成就的，而且他已经使我们彻底成为新造的人，我们就能经历亚当和夏娃当初在伊甸园所拥有的安全感，那时他们不知道什么是危险，也不知道什么是与神隔离。

这并不是说，我们看犯罪的行为是小事，以为犯罪没什么大不了。犯罪是件严重的事。误信撒但的谎言、无法胜过试探，都会影响我们与神的关系，但却不会威胁我们的救恩。除非我们借着悔改去解决自己的罪，并且奋力抵挡仇敌，不然罪就会妨碍我们结果子，使我们无法活出在基督里的身分。这个系列的下一本书，我们将会详细看看。

每天的保障

但是，对于大多数人来说，我们感到有多安全，整件事与永恒的救恩没有多大关系，却与每天的生活息息相关——特别是牵涉到健康与财务的问题。

在一次营会中，有位女士来找我，她给我看一份剪报，刊登了她的亲身经历。剪报有一张照片，她把轮椅举高在头顶之上。她说医生诊断出她患有肌肉萎缩这不治之症，但是她学习了在基督里得自由的教导，也完成了《在基督里得自由的步骤》，这是一个有系统的学习过程，帮助学员与神恢复合宜的关系。完成了这些步骤，她竟然不需要再用轮椅，可以自己走路。约七年多之后，据我所知，她还是很健康。

自在做自己

可是我觉得有趣的是,她告诉我:"我完成了这些步骤,最重要的并不是身体得医治。我本来有厌食症,我的厌食症也好了,因为我发现了在基督里我是谁——认识这个真理改变了我的生命。"

我要与你分享一个完全不一样的故事,他也是坐轮椅的,极之渴望我带领他完成在基督里得自由的步骤,因为他也期望得着类似的医治。我完全了解他的想法,但是当我与他谈起他的生活和境况,我却无法确定,神是否要在此时医治他。我认为他想要得医治,是为了恢复高薪的职位,同时也要向父亲证明自己蛮有价值。我认为他需要再次评估他的信念并加以调节,以致能寻回自己的价值,也感到被接纳。他需要知道,他已经很有价值,他不需要回到职场,向每个人证明自己的价值。我跟他说,我会带领他完成这些过程,但唯一的目的是:他与神之间系要有百分百合宜的关系。我说,如果神决意要医治他,那真是让人额外高兴,但我们却无法保证神会否这样做。自此以后,他再没有跟我联系。

我经常听到有些人完成了《在基督里得自由的步骤》后便得到医治,我不会假装明白这是怎么一回事。我猜想有时候仇敌对人们已产生足够的影响,所以它能够在这些人的身体仿造疾病的征兆,但只要他们战胜了属灵的争战,撒但也就拿他们没辙了。另一方面,我确信有时候,神会行神迹医治真正有病的人,医病的恩赐是圣灵给神百姓的其中一种恩赐。

从新约圣经来看,我并不相信每个基督徒都可以得医治,这并不是理所当然的。主耶稣再回来以前,每个人都要经历肉身的死亡,因为我们的身体依然要承受人类堕落所带来的后果。

身为基督徒，我们对自己的健康有把握吗？当然有！虽然有一天我们的肉体会衰败，最终我们却会得到一个很奇妙、全新以及永恒的身体，那时不再有痛苦和疾病。因此，基督徒也不用惧怕死亡。

我有些家人和朋友因癌症过世，我承认，我认为死亡是一个让人感到害怕的过程。我不断提醒自己主耶稣坚定的应许，他永不撇下我们，也不丢弃我们。神也应许他使万事互相效力。这些并不是幻想，而是坚稳如磐石的真理。

我到底要对患病的人说什么话？雅各书第5章提到，基督徒因着彼此认罪，疾病便得医治。我要提出的第一个建议是：他们要与神有完全合宜的关系。《在基督里得自由的步骤》是个很好的工具，借着认罪以及抵挡仇敌全面达到以上的目标（这一系列的第三本书会详细谈到这个过程）。从这段经文的上下文看，我推断雅各所说的医治基本上是指源于属灵的问题而导致肉身生病。虽然我是这样推测，但我们并不知道某种疾病是否源于某个属灵的根源，所以我鼓励生病的人，一旦与神的关系有彻底的改变，他们可以根据雅各的建议，请教会的长老为他们抹油祷告。我相信与属灵根源有关的一切疾病都可以治愈，正如我之前说过，这种事经常会发生。

如果身体的疾病未能治愈，你便可以确定，你的病不是由属灵的问题引起，这是肉体的疾病，人类堕落后身体会逐渐衰败。若是如此，你已尽了本份，你可以将自己交托给神，将其他事情交在他手中。

我会继续为病人得医治祷告，因为有些时候，神确实会介入，并且会施行神迹去医治病人。但我也想给你忠告，你要全心全意去相信，你生病时神会扶持你，他会伴随你左右，让万事都为你效力。他喜欢透过我们的软弱作工。

财务

如果我们对财务缺乏安全感，腓立比书4:10-19是处理这个问题很好的起步点。基督徒通常只会引用第19节：我的神必照他荣耀的丰富，在基督耶稣里，使你们一切所需用的都充足。这节经文让我们以为神会满足我们一切所需，然后事情就此了结。然而，我们需要小心查看整段经文的上文下理。

开始时，请先看看保罗如何描述他要学习的功课（11-13节）：

> 我无论在什么景况都可以知足，这是我已经学会了。我知道怎样处卑贱，也知道怎样处丰富；或饱足，或饥饿；或有余，或缺乏，随事随在，我都得了秘诀。我靠着那加给我力量的，凡事都能做。

保罗这样描述他的经历（哥林多后书11:23-27）：

> 我比他们多受劳苦，多下监牢，受鞭打是过重的，冒死是屡次有的。被犹太人鞭打五次，每次四十减去一下；被棍打了三次；被石头打了一次；遇着船坏三次，一昼一夜在深海里。又屡次行远路，遭江河的危险、盗贼的危险、同族的危险、外邦人的危险、城里的危险、旷野的危险、海中的危险、假弟兄的危险。受劳碌、受困苦，多次不得睡，又饥又渴，多次不得食，受寒冷，赤身露体。

我不肯定我能否轻松地说，虽然身处这些境况，神仍会满足我的需要。保罗却有这样的想法，他已经学会在任何境况都能知足。他如何做到的？他已经学懂，神随时随地都与他同在，他从来没有让他失望。

腓立比书4:10-19整段经文的背景是关于腓立比教会的捐献，他们虽然能力不足，却仍是新近作捐献的教会。因此保罗向他们保证，神会满足他们所有的需要。

保罗和腓立比教会都全力投入神的工作，他们承担了自己的职责，尽了自己的本份。如果你紧随神为你铺排的道路，认真地履行你的责任，你可以全然相信这个真理：神会满足你一切的需要。他会扶持你。你会发现，靠着那赐你能力的神，你凡事都能做。

如果我们偏行己路，这个应许就不适用。其实我们在说："这是我想走的路，神啊，祝福我吧！"这并不是神的行事方式，他扶持那些依从他的人。

我要说的重点是：如果我们走在神的道路上，我们绝对可以肯定，他会满足我所有的需要。

在基督里，我们真的拥有亚当和夏娃未堕落前同样的安全感。只要我们选择行在神向我们显明的道路上，我们确实不用为任何事操心。

你备受接纳

人类堕落以后产生了三个渴求，第三个是备受接纳。

我想再次强调这美好的真理：如果我们是基督徒，我们不会再遭受拒绝，或失去神的爱。在基督里，我们无条地全

自在做自己

然被接纳。我再次强调,这完全不是根据我们的行为或表现,而是根据基督为我们所成就的。

有个故事说到,有个成功的商人,他儿子到他公司工作,他对他的员工说:"我儿子星期一开始到这里工作,但是我不希望你们给他任何特殊待遇。你们对待他,就像对待我其他的儿子那样!"

这其实就是神对我们的看法,约翰一书3:1说:*你看父赐给我们是何等的慈爱,使我们得称为神的儿女*。约翰极之希望我们明白道,成为神的儿女是何等重要,之后他补充:*我们也真是他的儿女*。就像一位完美的父亲接纳他的孩子,神也完全地、彻底地接纳我们。

耶稣知道我们会怀疑神是否真的接纳了我们,所以他最著名的比喻就是要阐述这个真理(路加福音15:11-32)。他说有个父亲有两个儿子,父亲还在世,其中一个儿子向父亲要求分家产。父亲把产业给了他,他起来就离家,过着挥霍的生活,把所有金钱花掉。耶稣好像预料到,这位儿子会做一些极之糟糕的事情。他对父亲不敬,犯了奸淫,将钱花在妓女身上,最后花尽了一切,只好看顾猪群,担当一份卑微的工作,猪是犹太人眼中最不洁净的动物。我实在很难想象,还有什么比这些行为更糟糕,更不配作他父亲的儿子。他认为自己的前途尽毁,就回到父亲那里,他不期待父亲会接纳自己为儿子,只希望成为家里的雇工,为父亲工作以赚取工钱。

他回到家才知道,他的父亲天天在等他。父亲立刻拥抱这个又臭又脏,极之沮丧的儿子,给他穿上昂贵的衣服,为他举办盛宴。

这就是成为神儿子的意思。即使你一败涂地,完全无法收拾残局，你永远都是神的儿子。神虽然给你失败的自由，他却一直支持你，赐给你所需用的一切，你就不会失败。如果你真的失败了，无论情况如何糟糕，他都会伸开慈爱的双手，欢迎你随时回家。

这就是圣经所说的"恩典"。难怪约翰·牛顿（John Newton）想出如此创新的词："奇异恩典"（amazing grace）！

这个比喻有另一个人物，他就是大儿子，他并没有忘恩负义，一直待在家里，努力地工作。他总是循规蹈矩，尽了自己的本分。如果你看了这段经文的上文下理，就知道他代表那时代的宗教人士，他认为自己可以借着做合宜的事讨神喜悦，他的头脑无法理解什么是恩典。对他来说，你可以借着你的作为讨父亲的欢心。当他的弟弟回家，父亲不但没有拒绝弟弟，但至少也要严厉教训他一顿，他反而设宴，大儿子因而勃然大怒。你几乎可以听到他嘟嚷着说：可是，可是，可是这些年来我做好了每一件事，我这么守本分，你却从来没有为我摆设筵席，这是多么不公平啊！"

大儿子不明白父亲的爱和接纳跟他的好行为无关，也跟小儿子的恶行无关。恩典与我们的行为根本没有关系，他不明白，恩典对二方来说都是公平的：恩典是给每一个人的。然而恩典也是不公平的，我们犯罪后应得的刑罚由某个人——耶稣替我们承担。到底你有多了解这项真理？

我们也不能借着知识讨神喜悦。有人以为，成为基督的门徒就是收集某些真实的资料、消化一些知识，例如使徒保罗原本也是这样想。他拥有以色列人最好的宗教血统，拥有犹太教的一切知识。但是，在往大马色路上，他被神击倒，他才对神有真正的认识，亚当原本也拥有这种知识。这是

自在做自己

一种真实的、亲密的关系，不只是一些神学观念。他当时的反应：我也将万事当作有损的，因我以认识我主基督耶稣为至宝。我为他已经丢弃万事，看作粪土。（腓立比书3:8）

认识神与收集资讯无关，认识神就是深入地认识一位真实、活着的主。认识神其实就是与他建立亲密的关系。

你选了这本书，可能是想多了解成为结果累累的门徒是什么意思。这是不错的理由，但这本书主要是帮助你认识真理，而不是获取知识。

主耶稣就是真理。我们得到神的接纳并非事情的终结，我们也渴望得到别人的接纳。然而事实却是：别人可能会接纳我们，也可能不会。有时，别人不接纳我们，我们会感到难过，然而最重要的是神对我们的接纳。如果他宣称他接纳了你（他确实如此），他无条件接纳你（他确实这样做），本质上你是蒙悦纳的。你只要认识这个真理，别人不接纳你，你就不会受伤难过。如果你相信这个谎言：他们不接纳你，你便变得毫无价值，你才会感到难堪。以下是一个真实的故事：

一年前，我祈求主给我一个生命的根基。我成为基督徒约五年，却一直感到很挫败，那时我第一次学习《在基督里得自由》的课程，发现了在基督耶稣里的就不定罪了（我每天都感到被定罪）。我也开始明白这个真理：我已被神接纳，无论我做了多少善事，都不会使神多些接纳我。

这个暑假，我感到神对我说，他要我接受他的爱，所以我问神要怎么做，他好像只是要我相信他真的爱我，所以我就这样相信。我的改变实在不可思议！过去十四年，我深受邪灵的压迫，很多事情我都无能为力（例如：与人交谈。我无法在各种社交场合与人谈话）。现在我已经得着自由，不再被辖制。我偶尔还会颤动，但整体来说，我很享受与人交谈。过去我常常被我的思想折磨，以为我说错了话，又或人们并不喜欢我，现在我的态度已经改变，我已经不在意别人如何想我。不寻常的事情发生了，人们似乎更喜欢与我谈话……我觉得我能自在地活出神所创造的那个我，偶尔说错话或做错事，也没什么关系。我不会聚焦于别人，认为我应该更像他们，其实，我认为我应该更像我自己！

我以为我需要某些有特别恩膏的人为我祷告，使我得自由，然而我真正需要的是真理。感谢《在基督里得自由》这个课程，它使我明白到，真理真的会使我得自由。

活过来！

人有了神的儿子就有生命，没有神的儿子就没有生命。（约翰一书5:12）

上述我们所思考的事情，全都基于基督徒已经从神重获亚当和夏娃所失去的生命。

你可能在想："这对我是真实的吗？"如果你已经接受神借着耶稣基督赐给你的生命，让耶稣成为你生命的主，答案的确是肯定的。如果你还没有接受，答案就是否定的。

如果你知道自己不是基督徒，或不太确定你是否基督徒，问题很容易解决，你只要接受他所赐的赦免与永生，让

自在做自己

他成为你生命的主作为回应,你就可以肯定你是基督徒。你只要在心里用下面的祷告文跟他说:

"主耶稣,感谢你创造了我,使我拥有这奇妙的生命。谢谢你为我受死,清除了我所有的罪,我现在就从新得回原有的生命。现今我把我自己完全奉献给你,我接受你成为我生命的主。谢谢你,现今我属于你。"

如果你认真地作了这个祷告,你现在就已经拥有神的生命。这是既简单又意义深远的事。

如果你第一次作这个祷告,你就要告诉别人,他们一定会很开心。我们所说的一切事情都在你身上发生了。你是神的儿女,没有人可以改变这个事实。

成为神所造的你

有些事情是否让你想不透?比如上一章的结尾所提到的祷告,那只是把一些文字印在纸张上,就像印在其他纸张上数以千计的文字那样。可是如果有人真心依从这些字句作第一次祷告,他们就经历了一生中最特别的时刻(无论他们察觉与否)。

如果你已经是基督徒,当你接受耶稣成为你的主之时,即使你不记得,你的生命也有类似的时刻。

为什么这件事情这么重要?我们要再次思想前面提到、那个基要的问题:在你生命的深处,你到底是谁?

圣经告诉我们,从前因为亚当犯了罪,我们本为可怒之子。(以弗所书2:3)。换句话说,在我们内心深处,我们与神为敌,完全没有能力把事情扭转过来。我们的灵命是死的,我们与神隔绝,更严重的是,我们的本质无法讨神的喜悦。我想引用加尔文(John Calvin)的话,我们是"彻底地败坏"。

你可能听过这个毛毛虫的古老笑话。毛毛虫看见一只蝴蝶飞过,就转身对同伴说:"你永远无法助我变成那只蝴蝶。"蝴蝶不就是一只"蜕变了的毛毛虫吗?"毛毛虫与蝴蝶看起来完全不同。你又如何?现今你已经是基督徒,你是否只是个"皈依基督教的人?"本质上和过去的你差不多,只是附加了一些恩泽。事实绝对不是这样的。

成为神所造的你

你成为基督徒的那一刻是你人生的转捩点,和出生时不一样。你还是有同样的生理特征,但是在属灵方面,每件事都改变了。你成为新造的人,圣经所用的字眼很激动人心。

> 若有人在基督里,他就是新造的人,旧事已过,都变成新的了。(哥林多后书5:17)

根据这节经文,你有可能部分是新的,部分是旧的吗?不会的。跟怀孕一样,只有怀孕和没怀孕这两个可能性。我家附近的超市,常常会提供特价优惠,牌子上写着:"售完即止!"成为基督徒也类似。如果圣经说"旧事"已过,那么它就真的成为过去。商品售完了,就再没有货品。我们要留意到这节经文所用的动词时态,对释经甚有帮助——这里的动词是过去式,这点清楚表明,保罗所提的是过去已经发生过的事:旧事已过,都变成新的了。也请看看下列经文的动词时态:

> 从前你们是暗昧的,但如今在主里面是光明的。(以弗所书5:8)

你有可能既是光明,又是黑暗的吗?根据这节经文,这是绝对不可能的。你是否**觉得**,你既是光明,又是黑暗的?这又是另一个问题,现今我们先专注于探讨圣经的真理。

另一节经文说:

> 他救了我们脱离黑暗的权势,把我们迁到他爱子的国里。(歌罗西书1:13)

你可能同时身处两个国度吗?不可能的。

自在做自己

当然，过去你本来就无法讨神喜悦，你活在黑暗和撒但的权势之下。但是那段日子已经过去，不会再回来。事实是：现今你已经成为全新的人，在主里你是光明之子，你已经进入耶稣基督的国度里。无论你喜欢与否，这都是事实来的。

你是谁——圣徒或罪人？

我常常问基督徒，他们是否看自己为"蒙恩得救的罪人？"大部分基督徒都会举手表示，这正是他们的信念。然后我会问他们对这节经文有什么看法：

惟有基督在我们还作罪人的时候为我们死。
（罗马书5:8）

请注意，上述经文也是用了过去式动词，这节经文提到，过去我们是罪人，如今却不是。

当然，过去你肯定是个罪人，你也必定是靠恩典得救。这就是说，你绝不能做任何事去拯救自己，耶稣为我们担当了一切。然而，我们要讨论一个很重大的问题：现今你是谁？

如果你查看新约圣经的"罪人"这个词，你就会发现，大部分都是指非基督徒。希腊原文圣经有两个词通常都会翻成"罪人"。第一个词"hamartolos"的意思是"没中靶心"，这是射箭的术语。罪人就是不能讨神的喜悦。另一个词"opheiletes"是指欠钱以及负债的人。罪人亏欠了神，永远无法偿还。

另一方面，新约圣经对基督徒的用词，大部分都用了"hagios"，意思是"圣洁的"，通常会翻成"圣徒"。

保罗并不是写信给以弗所、哥林多或加拉太教会的罪人，而是写给圣徒！这个希腊文带有"道德上无可指责"的意思。圣徒并非不中靶心的人，他们已经全然圣洁，不再亏欠神，因为耶稣基督在十字架代替他们死，已经为他们付清了一切。

如果你已经接受耶稣成为救主，你并不是蒙赦免的罪人，而是被救赎的圣徒！**你真的是圣徒！**这不只是个头衔，它反映了一个事实，当你成为基督徒的那一刻，即使你不确定在什么时候，在基督里你已成为新造的人。你的本性，也就是你内心的深处，本来是一个无助、无法讨神喜悦的人；你却变成圣洁、在基督里得蒙接纳、十分安稳、甚有价值。

全新的、没有覆盖的

有趣的是，过往没有教会背景而成为基督徒的人，他们在这方面没有问题，反而在教会成长的人有时会有这种挣扎。在教会成长的人认为，即使我们是基督徒，我们主要的身分仍是罪人（虽然神已经赦免我们），这种想法得花好多工夫去处理。事实上，这种想法很像异端。

有个成熟的基督徒妇女这样形容这种想法："过去我认为自己是一只穿上白衣的脏狗，我知道我已经穿上基督的义袍，但是在我内心深处，我还是认为自己是个让神讨厌的人。现在我开始察觉到，其实我已经成为一只干净的狗！"

很多人都会认同这样的感受，我也会。加拉太书3：27写到，我们已**披戴基督**。很多人都认为，其实我们里面依然是骯脏、腐烂、没有良善。因着我们已穿上基督的义袍，这些东西只是隐藏了在我们里面。以下这个比喻对我们甚有帮助：小儿子回家，他父亲给他穿上最好的袍子　（路加福音15：22）。他因这件袍子成为儿子吗？不是！**因为**他是儿子，他才得到这件袍子。我们已全然称义，可以披戴基督，因为在我们生命的深处，神已经使我们成圣。

父神看着你，他对你微笑，他爱你。他并没有看见基督覆盖着你，他看着你，你是新造的人，是圣洁的，他爱你。

当我们持守这个让我们惊讶不已的真理时，也要不断提醒自己以下的真理：我们是圣徒，与我们本身的良善或行为完全无关。即使是刚信主的基督徒也是圣徒——这个词描述我们在基督里崭新的身分和地位，不一定是我们在基督里的成熟度。这是完全根据基督所做的，我们单单借着他的恩典而获得。

我们成为圣徒，是因着**在基督里**崭新的身分和地位。在以弗所书短短的六章经文里，**在基督里**就出现了超过40次。**在基督里**是一个简略的说法，说明了成为新造的人、重拾属灵的生命是什么意思。

我们也读到基督在我们里面，我们在他里面，他在我们里面。我们与永活神之间全新的关系是十分亲密、不可思议的。

你就是你（信不信由你）

无论你有没有这种感觉，你都是圣徒！

我们已从圣经看到很多真理，实在太稀奇，实在难以想象对我们来说这是真实的。我们可能认为，在"神学"的立场，这些真理是真确的，或对别人来说也是真确的，对我们却不是。虽然我们可能不觉得这些真理是真确的，然而，如果你是基督徒，神说**于你而言**，这些真理全都是真确的！

现在，我们来看问题的症结。身为基督徒，也许你所面对、余生最重要的抉择是：你要相信世界和过去的经验所告诉你的？抑或是相信神所说的？这个问题一点也不容易回答，因为我们花很多时间让世界的信息轰炸我们；很多人过去遭遇的事情，已经根深柢固地形塑了我们的自我形象，而这些观点往往是负面的。

我想用别的方式问这问题。如果神说有些事情是真实的，到底它是真实的吗？我是指千真万确的事情，不单只是"神学"思想正确，而是真实到在你人生最黑暗、最低谷的时刻，你仍然可以完全靠赖。圣经不单只告诉我们，神所说的是真理，圣经所说的比这个更深远。事实上，圣经向我们保证，神和真理是相同的，因为神就是真理。如果你就是真理，你就绝不可能撒谎。

我可以磨破嘴皮写出真理，你可以读我的作品，但我所写的真理可能不具任何效力。只有与真理有关联的事情，才有实质的意义。就像耶稣所说：**你们必晓得真理，真理必叫你们得以自由。**即使真理是真实的，它并不能使你得自由，唯有认识真理，确实地认识它，你才能得自由。

我13岁成为基督徒，那时我的学校在中部地区，班上32个人中，就有30个人宣称自己是基督徒，这好像是个小型的复兴。不是所有人都持守信仰到毕业，然而很多人都做得到。那是振奋人心的时光。

可是长大以后，我的基督徒生活变得越来越枯燥，我和耶稣的关系也变得单调乏味。我仍然有稳定的灵修，但我的灵修时间却很"寂静"。不过，如果我是你教会的一份子，你一定会认为我还做得不错：我是领导团队的一员，有时候也讲道……我会做"合宜"的事情。可是当我回顾过去，我认为在过去的十到十五年，我只是"表现"得像个基督徒，而没有活出基督已为我赢得的自由。

更糟糕的是，我陷入了某个恶性循环之中，就是明知故犯。你向神认罪，但你还是重蹈覆辙，陷入了犯罪－认罪的循环中。我所犯的罪是：在深夜观赏内容不恰当的电视节目，之后跟神说："神啊，对不起，请原谅我。"我知道神已经赦免了我，可是我还是觉得很糟糕。隔天或隔周，我还会继续收看这些电视节目。最后我感到自己完全无药可救。

有一天，有一个名叫法兰克（Frank）的传道人来到我们教会，他很贴切地描绘出我所陷入的困境。然后他问："你想知道如何走出这困境吗？"我很想知道。我即时坐直了身子，但心里却想，要保持冷静，否则有人按手在我身上，或什么东西会……但我是真的想知道如何脱离这种循环。他说："非常简单，不要再做便可。"

我想："不是吧，我已经尝试很多次了，但是都没有果效。其实这招是我最先尝试的。"接下来,他借着罗马书第六章说,罪的权势在基督徒的身上已经被粉碎了,这是事实,无论基督徒有没有感觉到。我记得那天从教会回家,在路上我感到非常困惑。我上了楼,跪下来,翻到罗马书第六章,大概是这样对神说:"神啊,这里确实说到,罪的权势在我身上已经粉碎了。我真的感觉不到这是真的,但是我选择相信这是真的。"

出乎我意料之外,自此以后,这种犯罪的恶性循环就终止了。虽然我还是会受到试探,但之后我都胜过了。当然有时不是那么简单,以后我们会继续讨论这个课题。

我开始明白耶稣所说:你们必晓得真理,真理必叫你们得以自由。罪的权势在我身上已经粉碎,这是个恒久不变的真理,因为我不认识这真理,所以我没有体验到这个真理。最后当我与这真理"连结"在一起,我的生命就不一样了。

按照真理来生活并不难,意思就是要认识人生的真谛。圣经通常称之为凭信心行事。

有个小男孩曾这样说:信心就是很努力去相信明知是不真实的事情!其实正恰恰相反,信心就是去相信**本身**就是真实的事情。我们发现什么是真实的,并且按此而活,我们的生命就得到更新。

下列是基本的真理:神爱你。你早已知道,不是吗?但你真的认识这个真理吗,你与它有深入的连结吗?举例来说,如果神真的是爱,那就是说,神不会不爱你。神的爱不是根据被爱的对象,而是根据付出爱那一方的特质。神**就是**爱,这是他的本质,他不能不爱你。如果有一天你表现很好,另外一天表现很差,神的爱始终如一。神还是爱你,因为神就是爱。没有任何事情会让神多爱或少爱你一些。这与你是谁，你做了什么，或不做什么完全没关系，这完全关乎神。

信心就是看见事情的本相。如果你能正确地认识真理，这会否影响你对自己的看法，然后影响到你的行为和表现？绝对会。身为耶稣基督的跟随者，你的余生将会如何度过，正好验证出你是否真的认识真理。

虽然神的爱不会因为你做了什么而改变，但是日复日的属灵成长只关乎一件事：你是否凭信心，在基督里靠他的能力行事。

人非有信，就不能得神的喜悦；因为到神面前来的人必须信有神，且信他赏赐那寻求他的人。
（希伯来书11:6）

你可能知道梭子鱼长有巨大的牙齿，它靠觅食小鱼维生。但你可能不知道，你可以把梭子鱼和诱饵鱼养在一起，它们完全不会危害到诱饵鱼。怎么可能？你只要把鱼池分成两半，在池中间放一块玻璃，把这两种鱼分开放在鱼池两边。梭子鱼会不断尝试去吃诱饵鱼，但每次都会撞到鼻子。它终于学懂了，它根本无法吃到诱饵鱼，最后就放弃。这时，你便可以把那块玻璃挪开，梭子鱼根本不会想去吃诱饵鱼，因为它认为自己不可能做到。如果我们可以跟梭子鱼谈话，你可以想象，对话可能是这样的：

"那些诱饵鱼看起来很可口，你想去抓来当午餐吗？"
"我不能，每次我去抓，就撞一鼻子灰。"
"你最近有试过？"
"没有，不可能办到，我知道我办不到，在它们四周有个看不见的力场。"

"过去的确是这样……但是我知道,现在已经没有了。"

"真的?那么我试试看……"

梭子鱼终于可以大快朵颐了!

为了让梭子鱼的生命改变过来,它不需要培养非凡的意志力,它只需要将自己的信念与真理协调并达到一致便可。有信心的人也是如此。

如果我们听闻有间教会发展得不错,或有人真的与神亲密同行,我们通常会有什么回应?想看看他们在做什么,买一本关于他们的书,观看关于他们的视频?这些方法都有一定的用处,但却不是关键要素。希伯来书13:7说:从前引导你们、传神之道给你们的人,你们要想念他们,效法他们的信心,留心看他们为人的结局。如果我们想和别人一样,活出成功的基督徒生活,我们不太需要效法他们的**行为**,而是效法他们的**信念**。使我们的信念与真理协调一致,又或像耶稣所说的晓得真理,才能使我们得到真正的自由。

当你翻阅圣经时,在每个地方你都会发现与信心有关的经文。我们是借着信心得救,也是凭信心行事。当我们明白了这些真理,我们就能够看出事情的真相,这是一个很好的开始。信心就是单单相信本身就是事实的事情。

有果效的信心全赖所信靠的对象

信心并不单单关乎我们愿意相信与否,每个人都会相信某些事或某些人。我们对于实况都有一套既定的观点,相信认为是真实的事情,也根据自己的信念做决定。人们所做的

你就是你（信不信由你）

每个决定，实际所采取的每个行动，都反映出他们对某件事或其他事的信心。

上一次你去超市，你可能买了一整车的食物，你带回家，开始享用这些食物。你可能认为这没什么问题。只是，你怎么知道这些食物是完好的？有人会把毒药渗进食物吗？又或制造商会否在制作过程出了错，把一些危害健康的原料放到食物里？你不可能带显微镜逐一检查每一件食品。其实你已经学懂了相信超市所卖的食物都是完好的，你可以安心享用。信就是所望之事的实底，是未见之事的确据。（希伯来书11:1）

很多人相信，我们只是比动物进化得更高等的生物，根本不可能有神，这样的信念其实跟其他宗教信念一样。对我而言，要相信这个世界只是偶尔而来，背后没任何督导，其实需要更大的信心。

基督徒跟非基督徒的信心，主要的差别在于所相信的对象或系统，可是当中却存在一个极之关键的差别，因为我们所相信的事或人会影响到我们的信心能否产生果效。我们相信与否并不重要，关键是我们究竟相信什么。

有个名勒马克（Romark）的催眠师兼魔术师曾宣称，他可以蒙着眼，运用超自然力量，开车经过埃塞克斯的伊尔福德（Ilford in Essex）。于是他很有自信地蒙起眼睛，发动车子，在克兰布鲁克路（Cranbrook Road）上行驶。他很有自信地开车，大约开了20公尺之后，撞上一辆停在路边的警车车尾。他有很强劲的信心，但是他的信靠对象——他的超自然力量却让他失望。他的信念无法反映真实的情境。

我们来看看一个圣经的例子。列王记上第18章记载了

自在做自己

以利亚和巴力先知斗法的真实故事。这些先知决定进行一个大竞赛，看看谁的神才是真神。以利亚和巴力的众先知都筑坛，把宰杀了的牛犊放在祭坛上当祭牲，他们都没有点火，而是求神从天上降火把祭牲烧掉。巴力的先知先开始（有450位），他们不断踊跳，呼喊巴力的名字，还用刀枪自割自刺，从早到晚大声求告巴力，但什么事也没发生。

之后轮到以利亚，为了确保这一切都是神的作为，以利亚三次叫人把水倒在祭坛和祭物上，然后他呼求神，火立刻从天降下，不单止烧尽了牛犊，也烧尽了用石头做的祭坛。

谁人更有信心？其实我们无法确定。巴力的先知应该也很有信心，他们整天都在呼求巴力。如果你继续看以利亚的故事，你会在下一章发现，他因害怕耶洗别的追杀而躲起来，而且他非常沮丧，甚至求神让他死掉算了。看起来，巴力的先知肯定比以利亚更有信心。可是，信心的程度并不是这个故事的重点。唯一的分别乃在于：以利亚信靠一个值得信赖的对象，而巴力却根本不存在，永活神才是真神，所以只有献给真神的祭牲才燃烧起来。

这就是为什么耶稣说，我们所需要的只是像芥菜种那么小的信心就可以移山（马太福音17:20），这不在于我们信心多寡，乃在于信靠谁；不是我们有能力可以移山，能移山的是神。

有些人认为，基督徒的信心类似以心智凌驾一切。其实这完全是两回事。

英国著名矮小喜剧演员罗尼·科比特（Ronnie Corbett）说，他阿姨帮他报读了一个增高课程，希望在成长阶段帮助他长高一点。课程内容包括肢体伸展，并且要不断念诵一句口诀："每一天我的身体都不断长高。"不用多说，增高课程是无效的，这样的说话对我们的身体完全无效，无法激增生长激素。这个增高方式并不是建基于事实，也就是事物的本质。你可以尽信某些事情，但是它却不是正确的，你的信心就不会生效。

耶稣在湖中央叫彼得离开船只，他听从了耶稣的吩咐。彼得发现自己可以走在水面，不会沉下去。他把信心放在耶稣身上，相信无论耶稣叫他做的事有多奇怪，耶稣都有能力确保自己不会受伤。彼得是对的，因为之前也是这样。用心智控制事情一点作用也没有，因为我们需要极大的力量去制止地心引力定律（或行耶稣的事迹）。彼得的心智力量无法发挥这种功效。

为什么信靠耶稣就不会失败

我们曾相信的某些人和事曾让我们失望。虽然我们曾说过，我们吃从超市买回来的食物，需要运用信心，但是有些人就因吃了自己信赖的食物而生病。

很多基督徒觉得教会让他们失望。这周我刚和一对夫妇倾谈，他们的儿子十四岁时，受到教会传道人性侵。现在，他们的儿子已经长大成人，我们不难理解他不想跟教会有任何关连；最可悲的是，他不想跟耶稣有任何关连。

很多人对父母或多或少都深感失望。我们很容易把对地上父母的失望，投射到天父身上，以为他跟地上的父母一模一样。天父完全不像地上的父母，事实上，天父是我们唯一可以完全信赖的对象，是唯一不会让我们失望的对象。为什么？因为他永不改变。耶稣基督昨日、今日、一直到永远，是一样的。（希伯来书13:8）他不能改变，而且他就是真理。他一定会实践他的承诺。他全然信实，并且永不失信。

自在做自己

可是我也见过很多人,他们都觉得神让他们失望。有时候,他们为了要改变一个处境而多番祷告,但情况并没有改变。也许他们为某个人得医治祷告,后来那人却过世了。可能他们所面临的境况很严峻,他们就会怀疑,神怎么可能爱他们。

小时候,我认为爸爸知道一切,也能做所有的事情。我还清楚地记得,有一天,我问爸爸一个问题,他回答说:"我不知道",我简直无法接受,他应该知道所有的事啊!发现了爸爸并不是全知的,我觉得很失望。其实爸爸并没有让我失望,这件事只是显示出,我对爸爸的认知是有限的。长大以后,我认识了这个真相,他并不是对每件事都有答案,然而他在我心目中仍然是很特别。

神当然对每件事都有答案,然而我们却没有。
天怎样高过地,
照样,我的道路高过你们的道路;
我的意念高过你们的意念。
(以赛亚书55:9)

事实是:神比我们知道的多。我们行事的能力极之有限,我们没有能力去决定,什么对我们最好,所以我们靠赖神向我们显明。

我们也无法看到事情的全貌,当不幸的事情发生时,我们通常会以为世上只有我们和神,忽略了自己所作的决定和撒但所扮演的角色。神以他的智慧成就事情,我们的决定也会带来一些后果。如果神没有容许这些后果出现在我们身边,比如他奇迹地防止每一个人为的意外,我们就没有真正的自由意志。同样地,撒但来是要偷窃、杀害、毁坏。如果撒但得到这些机会,它必然会这样做。

你要专心仰赖耶和华,
不可倚靠自己的聪明,
在你一切所行的事上都要认定他,
他必指引你的路。（箴言3:5-6）

有时候，我们只需要承认，我们对神的了解和期望很有限，我们常常都不知道，自己是否根据神的本质或心意来祷告。

然而在这些时候，我们却可以重温自己所认识的真理。神是多么爱我们，早已预备了耶稣为我们死；他这么紧密地参与我们的生活，为了我们的好处，他使万事都互相效力（罗马书8:28）。

我们已说过，信心只不过是找出什么是真实的，然后去相信这些真实的事情。神并没有给我们选择，让我们编造自己所相信的。神的角色就是要成为真理，我们的角色则是相信真理。

想要更多信心吗？

你想你的信心有所增长吗？你信心的深度唯独受一件事影响：你有多认识所信靠的对象？如果你认识神，正如亚当未堕落前在伊甸园里那般认识神，无论是什么事，你都可以信靠神。现在你的属灵生命已经复苏了，同样的事情也会发生。只是，多年来我们远离神，依靠自己过日子，因此我们通常都感受不到自己的属灵生命已苏醒。

你的信心受到限制，但神却没有限制我们的信心，这完全取决于我们自己。我们根据神的真理行事为人，信心就会成长。当我们看到其中的结果，神真的实现了他的应许，我们的信心就会成长，可以将更大的事情交托给他。就像你把

自在做自己

两岁大的女儿放在墙上,你鼓励她跳到你怀里。她可能有点害怕,有些动摇。如果她跳下来,你当然会接住她。下一次,你可以让她站远一些或站高一点,只要你继续接她在怀里,她仍然会跳下来。

对大多数人来说,生活中最难信靠神的范围就是财务。因为世界告诉我们,钱财最能满足我们内心深处的需要,使我们有安全感。把钱给出去实在超出了逻辑或理性的范围,让我们感害怕。然而圣经却多次告诉我们要把钱给出去。

当我写这本书时,我正在看一位修缮工人在修我家的房顶。大约一两个月前,神就催促我要签一张支票送给一家基督教慈善机构,我却拖延了一段时间。几周前,暴风雨把水灌进我们家,修理房顶的费用远超过我们可以负担的。神仍然催促我要把支票寄出去,但那时我实在是无能为力。之前两周,神再一次教导我要信靠他。最后,我完全降服于神,结果找到一家收费较平宜的的修缮公司。还有一年多前,我认识了一个人,他想买我一件二手物品,他忽然发电邮给我,说他现在有钱可以买。你当然知道这件事情的结局——我有能力付钱给正在我家楼上修房顶的人。其实还有更好的事情发生了,在其间,我们的家因暴风雨很多地方被水浸了,所受到的损毁足以申请保险公司的赔偿。现在我们正在重新修缮两个卧室,全都是由保险公司支付。

后来我终于寄出了那张支票。如果神起先催促我,我就寄出支票,这件事应该会发展得更好!即使如此,我寄出支票几天之后,忽然有人给了我一份大额的捐献,比我寄出去的支票还要大额。其实我不是因着金钱得到满足,是神满足了我的需要。我很感恩,他容忍了我的软弱,即使他屡屡教导我,我仍然无法实践出来,他依然把握机会,鼓励我信靠真理,帮助我在未来做得更好。

你就是你（信不信由你）

这是个很平凡的例子，我并不是要教导人，神想所有人致富，我们应该奉献钱财，这样就可以从神得到更多财富。不过，神应许说，如果我们顺服他，包括在施舍的事上顺服他，他就会满足我们的需要。

下一次神鼓励我去奉献，我希望我学懂了可以更快、更慷慨作出回应，不要相信世界的谎言，以为靠着金钱可以满足我们的需要。当我们根据神所说的真理凭信心生活，并且发现这的确是事实来的，我们就会更多认识神，信心也可以激增。

总而言之，信心就是把我们的信念与真理协调一致。如上述所说，真理就是：神是真实的，如果我们尽了本份，他应许要满足我们的需要，这就是"真理的本相"。信心就是看到世界的本相，无论我们相信与否，这仍是它的"本相"。我们选择相信神的计划，继而以行动活出这样的生命，我们就会得益处。

当你知道，你信靠的对象真的值得你信靠，你可以将一切事情交托给他，你就会信靠他开拓更大的领域。

我想你一定听过一个古老的故事，有一个人向当地人问路，当地人想了很久，最后他这样回应："如果我要去那儿，我就不会从这里出发。"论到信心，我们只能从现今的状况开始。我们需要踏出较小的一步，然后踏出更大的一步。

在旧约圣经里，神告诉亚伯拉罕去做一件看来完全不符合神本质、一件不可理喻的事。神告诉亚伯拉罕，把他儿子以撒杀了当祭物献给神。亚伯拉罕真的按照神的吩咐而行，但是神在最后一分钟阻止了他。亚伯拉罕怎么可能这样做？

自在做自己

因为亚伯拉罕已经学懂，神是慈爱且值得信靠的。如果你看亚伯拉罕的生平事迹，你会看到，每当亚伯拉罕相信神所说的话，神便向亚伯拉罕显出他的信实，事情就这样成就了。亚伯拉罕能把以撒生下来，完全是个令人惊讶的神迹。他学晓了从一个高峰跳到另一个高峰，神总是保守着他。不管神最近对他的要求如何奇怪，亚伯拉罕的推理却是：神就是神，他自有方法让以撒复活，又或他会借着其他方法，让事情有美好的结局。

你想要这样的信心吗？在你的教会里，有没有人拥有很大的信心？你希望能拥有这样的信心吗？我要告诉你一个好消息：你可以拥有这样的信心，你确实可以。你相信圣经所说的"真理"其实就是"事情的本相"，这就是你所作的抉择。开始时，你可以找出神说了什么真理，然后定意去相信，再用行动实践出来。

不要以你的感受作为始点，这一点非常重要。唯有当你不受感受所牵制，决意去实践真理，你的感受最终才会与真理吻合。正如安德生（Neil Anderson）所说："*你不是借着感受建立良好的行为，反而是因着你的行为产生良好的感觉。*"

我的信心还没有达到亚伯拉罕的层次，但是当我回顾过去，我可以看到，神刻意营造一些环境来建立我的信心。比如我想起第一次听闻在基督里得自由的事工，我知道神正带领我进入一个增进信心的旅程。我们的教会里有一对夫妇，我很喜欢他们，但是我却一直不想在聚会后与他们喝咖啡聊天，因为我担心他们会把所有的问题卸在我身上。我并不是很介意，问题是我不知道该怎么面对。我知道耶稣可以解决这些问题，但是我不确定该如何做。除了为他们祷告，我不知道我可以为他们做什么，他们的情况似乎也没有任何改善。

你就是你（信不信由你）

有一天，我在一间基督教书房看见安德生写的《击开捆锁》The Bondage Breaker，和《胜过黑暗》Victory Over The Darkness一样，它的内容包含了在基督里得自由事工的全部教导。可是，那时我没听闻这本书，也不认识安德生。我只是感到神要我买这本书。这实在很奇怪，但我跨出了信心的一小步，买了这本书。这成为了我人生方向的转捩点，那时我全不知情。我读了这本书，内容很有意义。我对于后面的步骤（在基督里得自由的步骤）非常感兴趣，这些步骤声称可以帮助基督徒解决个人和灵命的挣扎。

有个晚上，我和牧师姑且使用《在基督里得自由的步骤》来帮助这对夫妇，但是没有什么成效。那时我们并没有按照现今我所采用的方式，但也没构成什么问题。长话短说，后来这个妻子得了癌症，几乎要丧命。在他们完成这些步骤前，我们甚至不能确定，这位妻子是否基督徒。她临终时已经完成了这些步骤，我们却可以清晰看见，她的生命经历了很巨大的转变：她知道要往哪里去，带着笑容离世。她的丈夫之前曾经精神崩溃，这正是我那时候的顾虑。太太比他先过世，我不敢想象他如何能承受这种伤痛，可是他却走过来了，精神也没有崩溃过。

之后我们开始在教会教导这两本书的内容，与会众一起完成《在基督里得自中的步骤》。我们感到很惊讶，那些所谓"虔诚的"基督徒，他们的生命改变了，而且向人分享神在他们身上的新作为。结果有很多人不断要求我们开办这个课程，这是前所未有的事情！不久之后，很多来自不同教会的人也来上课，人数也越来越多。

那时我感到神对我说，我们要把这些课程带到英国。我发现在基督里得自由的事工有个网站，所以我发一封电邮问他们在英国有没有办公室。他们回信说办公室在日内瓦。我寄给他们一份欧洲的地理简介并坚持自己的意见,他们却回说,他们认为现在并不适合开展任何海外的办公室。不过他们说,如果我们想试试看,我们应该邀请安德生(Neil Anderson)过来举办营会。对于我们这类小型教会来说,这是完全不可能的事情,我们没有场地,也没有经费,所以就把这件事耽搁下来。

之后我们接到一封电邮,说安德生(Neil Anderson)会到英国,这是七年来他第一次来英国。我们问他会去哪里,我们十分关注他的到访,原来他会到我们的所在地雷丁(Reading)!然后我们接到一间本地教会的电话,他们邀请了安德生来英国办研讨会,他们知道我们略知安德生的事工,问我们是否愿意和他们一起举办研讨会。神亲自带领安德生来到,我们就和安德生亲自见面,并告诉他神正在对我们说什么。其余的事,正如他们所说,都如实地发生了。

当我回顾这些事情,它的确有助我的信心增长。现在我知道,我永远不用靠自己去操控任何事情,我只要信靠神,他会实现他的应许,我只要等候他。神对我满有恩典,让我清楚看见他是何等真实。我知道他甘愿在我们的生命中成就这一切事情。我们只要从现在开始,不管那件事有多微小,都要顺从他的旨意。

信心在逆境中成长

因为信心的问题这么具关键性,神极之想帮助我们发展真实、活泼的信心,使之不断增长,帮助我们看到事情的本相。

因此,神通常会安放我们在某些境况,我们可以选择信靠他,或信靠其他事物。事实上,他会把我们放到墙上,催促我们跳进他的怀里,因为他知道,一旦我们发现他会接住我们，我们的信心就会增长。

通常在艰难的时刻，我们的信心成长得最多，就像我们面临健康问题、财务危机，或对前景感到不确定。

近来我花一半时间作在基督里得自由事工的服事，另一半时间处理小额邮购生意。我周旋于两项工作之间，有些与众不同，很多人问我为什么还要做生意？也许有一天我会放下自己的生意，但是现在神让我清楚知道，在神眼中，这两个呼召同样很重要。有趣的是，我的生意让我学到最多信心的功课，特别在财务方面。开头的几年，每当经费不足时（其实一直都是这样！）我通常会找我慷慨的父母或岳父母，直到有一天，神似乎在对我说："你怎么不找我呢？"我终于和佐伊（Zoë）决定不再找我们的父母，而是信靠神。猜猜结果如何？他总是信实地供应我们的需要（通常是生意无可救药之时），我们已经营这门生意超过十年，当我们回顾过去，这十年充满了一连串的神迹，神不断供应我们的需要。

我们越多跨出信心的微小步伐，就越能察觉到，神所说的确实是真理，我们也就越预备好踏出信心的一步。

神的责任就是要成为信实可靠的神，他要宣称什么是真理。我们的责任就是找出什么是真理，选择相信真理，并且按此而活。

真正的信心总能带出行动

> 这样，信心若没有行为就是死的。
> 必有人说："你有信心，我有行为；你将你没有行为的信心指给我看，我便借着我的行为，将我的信心指给你看。"（雅各书2:17-18）

自在做自己

雅各说，如果我们的信心是真实的，就会带出行动来。圣经里的"信心"、"信靠"和"相信"在希腊原文都是同一个词。知道这一点很重要，因为按照英语的意思，当你说你相信某件事，并不等同你信靠某件事，两者的涵义不一样。信心不单止是理智上的认同，如果我们的信念是真确的，我们必定会付诸行动。无论我们宣称自己相信些什么，最重要的是我们的作为，它显出我们真正的信念。如果你想知道自己真正的信念是什么，那就要看你的行为了。

雅各说，我们可能像一个从镜子里看自己的人，看了，走了，立即忘记自己的长像（雅各书1:23-24）。我们可以阅读圣经，同意其中所说的，走后却做了和圣经不一致的事情。这就像你到了火车站，你想搭火车去伦敦，你找出所有的火车时间表，甚至是所有的运作细节，但最后你却连火车票也没有买，也没有走进车厢里。

雅各所说的和保罗所说并没有矛盾，保罗说我们是借着神的恩典、凭信心得救（称义），并不是靠行为（以弗所书2:8-9）。雅各只是说，如果你真的相信，你的信念就会在言行中流露出来。

人们通常不会活出他们口中的信念，但却会活出他们真实的信念。如果你想知道自己真的相信些什么，你可以看看自己的行为，特别当你想方设法去满足自己于价值感、安全感和备受接纳这三个重大的需要时，你到底做了些什么。这些都是合情合理的需要，但你有没有把神排诸门外，也就是把你的信心投放在神以外的事物上？

当以利亚迎战巴力众先知，以色列人的诚信备受考验。以色列人的嘴唇说相信神，但却向巴力屈膝跪拜。巴力应允给他们安定与繁荣，就像世界应允给我们的一样。有些基督徒承认自己相信神，但是他们的行事为人却跟随世界所谋算的，以色列人跟这些基督徒没什么分别。

神还未用神迹奇事展示他的大能以先，以利亚用这些话质疑以色列人：你们心持两意要到几时呢？若耶和华是神，就当顺从耶和华；若巴力是神，就当顺从巴力。（列王纪上18:21）这番话同样也可以成为我们的挑战，并且按此作出个人的决定。

你曾否三心二意？你是否已下定决心，并选择跟随神？

当你看见事情的本相，你就再没有理由，不按照此而行。我有一个好消息：所有人都可以成为成熟、结果累累的基督徒；所有人都可以胜过试探，走出无助的境况，脱去负面的行为和过去的影响，继而向前迈进。你不需要从神或别人领受特别的恩膏，你只需要知道什么是真实的，选择去相信并按此行事为人。

当你开始思考你是谁，思考在你内心深处，你到底是谁，你预备好了将这些年来世界加诸于你的包袱撒吗？你对自己的身分最深刻的感受可能是错的（如果和神的说法不一致），你预备好了去接受这样的事情吗？你是否甘愿认同我的看法，同意圣经是神所启示的真理，其中阐述了一些有关你的奇妙真理？

请你现在就停下来，在神面前从新委身，选择相信他所说的是真实的。

自在做自己

我们已经认识以下的真理：如果我们是基督徒，我们已经成为圣洁（"圣徒"按字面的意思是指"圣洁的人"），我们的属灵生命已经恢复过来。我们要明白，为什么成为圣洁对基督徒来说会带出不一样的结果。

西方教会一直以来对福音的认识只专注福音的第一部分——耶稣为我们的罪死。如果我们停在这里，停留在受难日，我们就会相信，自己和之前没有什么区别，我们只是得蒙赦免，死后会跟耶稣在一起。但是，正如我们已经看到，真实的情况比这些好得多！

我们也有复活节。这并不是指我们不要欢庆复活节，我们当然要如此行，却可能遗漏了其中的重点。我们欢庆基督已经复活，然而重点却是：我们也可以在基督里得到新生命。我们知道为什么耶稣基督要来——**我来了，是要叫人得生命。**（约翰福音10:10）这生命并不是一些神学概念，而是我们该有的、是亚当和夏娃所失去的，得以与神有亲密的相交，我们拥有安全感、价值感，也得到神的接纳。**你现在就可以拥有！**

虽然你已蒙赦免，但你认为自己仍然是个罪人，你会做些什么？继续犯罪！因为根据字义，这就是罪人会做的。

问题的根源并不在于我们所获得的救恩。我们都知道，神对我们的爱和接纳纯粹基于他的本质，也基于耶稣在十字架为我们所成就的一切。真正的考验是：我们如何在余生活出自己的救恩，这其实关乎我们的行为。如果你想要改变自己的行为，就一定要看自己不单单是个罪得赦免的人。

安德生（Neil Anderson）对此有个很好的比喻，假设你是个妓女，有一天你发现国王下了一道御旨，所有的妓女都得到赦免。这是个好消息——你得蒙赦免。但是御旨若单单这样说，你对自己的观点会改变吗？不会，你仍然是个妓女。你的行为会改变吗？大概不会。但是如果御旨也提到，国王不只赦免了你，他要娶你为他的新娘，他要封你为王后。这会改变你对自己的观点吗？肯定会："我是王后！"这会改变你的行为吗？肯定会："我已经是王后，为什么要重拾妓女的生涯？"你不单止蒙赦免，你还是基督的新妇！

现今你是谁，撒但无法改变这个有根有据的事实。但是它如果可以让你相信关于你是谁的谎言，便可以破坏你与神的交往，因为没有人可以恒常地活出对自己的看法不一致的生活。

我们对自己的看法是行事为人的根基。如果你已为人父母，想想这件事与你的孩子有什么关联。如果你抓到你的儿子说谎，你可以对他说："儿子，你是个说谎者。"可是你这样说只会适得其反，因为你是直接攻击儿子的品格，你在指出他拥有骗子的特质，结果他可能会认为自己是个骗子，会说更多谎言。骗子不就是这样做吗？其实他的本质并不是骗子，他是神的孩子，虽然是神的孩子，却撒了谎。这样说会否更准确，对于塑造他将来的行为更有效益："儿子，你并不是骗子，为什么刚才说谎？"你可以看出这个比喻对你有什么意义吗？你并不是罪人，你为什么要犯罪？

神的儿女全都不是次等或没用的，但是如果撒但让你相信，你是次等或无用的，你就会有这样的表现。

神的儿女全都不是龌龊的，也不会再遭受遗弃。但是如果撒但让你相信自己是龌龊的，或你会再次遭受遗弃，你就会有这样的表现。

你带一个失败受挫的基督徒来见我，我可以指出他的问题所在，他没有掌握这个宝贵的真理——现今他们在基督里的身分。

有人可能会说："你不明白我经历了什么？"你经历什么不会改变你在基督里的身分。

"你不明白我过去有多糟糕。"你过去有多糟糕不会改变你在基督里的身分。

"你不知道我成为基督徒之后有多挫败。"你有多挫败不会改变你在基督里的身分。当你还是罪人时，基督就爱你。你成为圣徒以后，基督还是那样爱你。

"如果我相信我是圣洁的，我会否变得很骄傲？"完全不会。因为我们在基督里的新身分，不是靠自己赚得的。这是白白得来的恩惠，单单从神的恩典而来。他要我们凭信心对他作出回应，相信他所说的，以及他为我们所成就的。如果你不相信神的说话，你其实就是称他为说谎者。

如果我犯了罪呢？

我们不能视自己为圣徒，反而看自己为罪人，因为我们察觉到自己有时会犯罪，这实在令人难堪。因此我们就认为自己确实是个罪人。

我要告诉你一个小秘密：有时我会打嗝。你可能很难相信一个基督徒作家怎么会有这种行为,但我就是这样。我不认为我要到处跟人说:嗨,你好!我叫史提夫,我会打嗝的!换句话说,我会打嗝,但我核心的身分并不是一个打嗝的人!

我确实犯了罪,但这并不表示我要视自己的核心身分为一个罪人。我们的身分在于我们生命的深处,我到底是谁。如果你是基督徒,你的身分已经得到确定。你生命的核心之处现今已拥有神的本质;你已经成为全新的人;你是圣洁的。

成为圣徒是指我们有能力选择不犯罪:**我小子们哪,我将这些话写给你们,是要叫你们不犯罪。**(约翰一书2:1)在任何时间,面对任何试探,我们都可以不犯罪。其实我们已经向罪死了(罗马书6:2),意思就是:罪在我们身上的权势已经瓦解了。

然而成为圣徒并不是指活在无罪的完美状态中:**我们若说自己无罪,便是自欺,真理不在我们心里了。**(约翰一书1:8)如果我们以为自己永远不会犯罪,其实是在欺骗自己,其实我们是偶尔会犯罪的圣徒。

可是我们不必终日惶恐,害怕神的审判:"如果我犯了一次的过错,神的愤怒就会倾倒在我身上。"其实神的愤怒已经倾倒了在基督身上。你并不是在愤怒的神手中的罪人;而是在慈爱的神手中的圣徒。他呼召你以清洁的心、信心和勇气来到他面前。

做错事完全不会影响我们与神基本的关系:**我小子们哪,我将这些话写给你们,是要叫你们不犯罪。若有人犯罪,在父那里我们有一位中保,就是那义者耶稣**

自在做自己

基督。（约翰一书2:1）你永恒的身分稳如泰山，因为耶稣已经为你付清了罪债。

有任何事情会改变你是父母的孩子这个铁一般的事实吗？完全没有，你无法做任何事去改变你的脱氧核醣核酸（DNA）。你可以与他们断绝关系，或做一切让他们不高兴的事。也许你见不到他们，因为他们住在地球的另一边；也许他们已经过世。但是没有任何事情，可以改变你是他们的儿女这个铁一般的事实。

当你重生时，你已经成为神的儿女。你拥有他属灵的脱氧核醣核酸（DNA），神的灵住在你里面（罗马书8:9），现今你拥有他的本性（彼得后书1:4）。没有任何事能够使你与神的爱隔绝（罗马书8:39），没有任何人可以从神的手把你夺去（约翰福音10:28）。如果你真的重生了，你与神的关系已经坚定不移，无论是你或任何人做了什么事情，都无法改变这个事实。

这就像公主与青蛙的童话故事。公主亲吻了青蛙之后，青蛙就变回王子。请你想象一下，他们去了一间精致的餐厅庆祝，有一只苍蝇在餐厅内飞来飞去，王子就从椅子跳起来，用他的舌头去抓苍蝇。这动作会让王子变回青蛙吗？不会，他还是个王子，他只是举止像青蛙！当你犯罪时，你不会变回罪人，你仍然是圣徒，你只是表现得不像圣徒而已。

这并不是说犯罪没所谓，犯罪会破坏我们与神和谐的关系。和谐的关系建立在信任与顺服上，缺少其中一个特质都会影响双方的关系。

我们做了让自己感羞愧、明知是错的事情，结果会怎样？我们应该怎么做？

我们只要来到慈爱的天父跟前，同意他的看法，我们真的犯了错（认罪）然后转离我们的罪（悔改），并且知道因着基督的死，我们的罪已被赦免了。

神不会定我们的罪

如今，那些在基督耶稣里的就不定罪了。（罗马书8:1）我们可以常常对神坦诚，因为神已经赦免了我们，在基督耶稣里的人不再被定罪。

神并不是像查票员那样，摇摆着手指，要检查我们有没有票；或像军队里的军官，常常检查我们有没有站错脚。可是我们有很多人都相信神是这样的，我记得几年前，我在周末带领一群年轻人，教导他们在基督里的身分是什么、神是一位怎样的神。我记得自己感到很惊讶，很多人的问题都是这样："我干犯某些罪可以到什么程度，神还可以接受吗？"他们认为神对规条非常着迷；身为基督徒，神会看他们是否遵守他的规条，并以此来衡量他们的成就，就像浪子比喻里的大儿子一样。

这种想法引起的问题是：当你跌倒了，那就是当你触犯了神的规条，你认为神会生你的气，你想要避开他，远离他并且躲起来。我非常熟悉这种感受，因为这就是我早期基督徒生活的感受。如果我认为自己让神失望，就会有好几周情绪低落，我无颜面来到他跟前，最终回到他身边，因为我觉得自己做了一些好事，赚取了这个回归的机会，这对我而言就是灵修时间，因为我相信，这能显示出一个"虔诚"基督徒的好行为。我当然只是"表现"得像个基督徒，我并没有活出自己真正的身分。

当然，我们不需要将七天优质的灵修时间排列整齐，赚取自己的名字得以记录在册上。因着耶稣为我们所成就的，

自在做自己

我们已经榜上有名。当你犯了罪，你知道可以借着悔改直接回到神身边，你也知道神已经赦免你，这是成为成熟基督徒的关键所在。成熟基督徒的记号是：你不是不会犯罪，而是当你犯了罪，你学会再次站起来，再接再厉，处理你的罪，然后继续向前迈进。俗话说，如果你从马背上摔下来，你最好就是马上爬上马背，你便不会完全丧失信心。当我们的属灵生命崩毁了，我们也需要做同样的事情，养成这样的习惯。别忘了，我们与神的关系依然健在，他仍然是你的天父，你依旧是他的孩子，他对你的爱不是建基于你的行为，而是建立于一个真理：**他就是爱**，没有任何事情可以拦阻你奔跑回到他的怀抱，他欢迎你回家。

我再次重申，我没有说犯罪无所谓。犯罪是危险的，因为罪会把门户敞开，让仇敌进来影响我们的生命。神是圣洁的，他厌恶罪恶，公义的神会对付所有的罪，末了他要把它消灭。罪使我们无法成为神心目中的样式。然而耶稣已经为我们一次过付清罪债。感谢耶稣为我们付了重价，我们得到了神的赦免。

事实是：即使我们不想犯罪，我们还是偶尔会犯罪。如果我们认为自己没有罪，我们就是自欺。事实上，我们犯罪并不会改变这个重要的身分，因着耶稣，我们已成为圣洁、神所喜悦的人。我们已经成为神的儿女，这是不会改变的真理。约翰继续说：**我们若认自己的罪，神是信实的，是公义的，必要赦免我们的罪，洗净我们一切的不义。**（约翰一书1:9）

当你犯罪时，你就好像从衣柜翻出一些残旧、骯脏、发臭的衣服，然后穿上……然而，这不会改变内里的你。神可能会说："看看你……你干吗穿这些衣服？这些衣服已经不是你的，为什么不把这些衣服换掉？"

与做什么、不做什么无关

接下来，我们来思考一个重要的问题："我要做什么神才会接纳我？"

我希望如今你的答案是："完全不用做什么！"事实是，单单因着基督已经成就的事情，神已经完全接纳你。

如果我们不明白这些事情，我们就会竭力成为神心目中的人，其实我们已经成为了这个人！我们已经是神的孩子，却一直在走冤枉路，很想成为神的孩子。我们已经蒙神喜悦，却仍想竭力取悦神。我们想要借着行为来赚取救恩，而不是活出救恩。

我们不是靠做些什么来断定自己的身分；反而是我们的身分断定了我们要做些什么。

想想保罗如何教导基督徒过生活，这实在很有意思。如果你读他任何一卷书信，你会发现，保罗很有智慧地把书信分成两部分。前半部解说我们的身分、神为我们做了什么；他在后半部才会提出如何把他的教导实际应用在每天的生活中。

我们通常会更多关注保罗书信的第二部分，因为我们都很想知道如何实践基督徒的生活，我们要**做些**什么。到头来，我们却以"怎么做"或"怎样制止自己不去做"为基督教的入门方式。我们不明白"成为"灵命苏醒的基督徒、行在真正的自由中是什么意思。如果我们明白了保罗书信的第一部分，它能够在基督里建立我们，我们便自然会实践第二部分，因为我们的行事为人完全流露自我们的品格，也就是我们在基督里的身分。我们不用装成基督徒的模样，我们只需按自己的本性去行事为人：我们是神的儿女。

自在做自己

耶稣的好消息并不是说我们要很努力成为不一样的人，你接受耶稣的那一刻，新生命便开始了，你察觉到自己已成为不一样的人。自此以后，你在余生努力不懈把救恩活出来。

神已经接纳了你！他喜悦你，他是好牧人，无论大事小事，他密切关心你，没有什么可以改变他对你的心意。

对我而言，这实在是个好消息。因为我是这本书的作者，你就会以为我是个很特别的人。不是的，我会继续做世上最愚蠢的事情。我记得在青少年时期，我参加了春季丰收（Spring Harvest）特会，这是一个大型的基督徒聚会，我对聚会的讲员很着迷。克里夫·卡尔福（Clive Calver）是我崇拜的英雄，有一次在街上，他停在我面前问路。我无法相信，他就像平常人那样讲话……实在难以置信，我非常震惊，嘴巴在动，却说不出话来。我现今的妻子佐伊（Zoë）很镇定地向克里夫指出他要去的方向，而我还是目瞪口呆。几年前，我很荣幸成为春季丰收（Spring Harvest）特会讲员团队的成员，我仍然很景仰这些有名望的人，所以我很低调，但是在最后一天的团队祷告会上，我鼓起勇气说，我能与他们一起配搭是多么美好。结束时其中一位有名望的领袖向我招手，我想我的机会到了。他的手搭在我的肩膀上，轻声跟我说："你裤子的拉链没拉上。"我检查一下，发现的确如此！

所以你明白了，我一点也不特别，但是神爱我！

我们很需要认识这个真理。你无法做什么事，让神爱你多一些或少一些。如果你是人类历史上，唯一需要基督为你死的人，他会单单为你而死。你就是这么特别！

你要知道现今的身分，这是在基督里成长的关键。你想更快成长吗？你可以的，只要选择相信神所说、跟你有关的真理！

神的特质

要认识神的特质，就要对他有透彻的了解，这是很重要的。有时候，我们遇到很大的拦阻，无法凭信心与神同行，通常是因为我们相信了有关神的谎言。这些谎言通常来自与地上父亲相处所得来的体验。

我们有些人从不认识自己地上的父亲，因而与天父的关系也出现了问题，因为他好像同样是不存在（可是请参看希伯来书13:5，耶利米书31:20，以西结书34:11-16）。

我们有些人从孩童时代就认为，地上的父亲对我们漠不关心。我们可能也无法体会，天父如何密切地参与在我们的生命中（见诗篇139:1-18）。

事实上，没有人的父亲是完美的，我们都经历过一些事情，信心因而受到妨碍。结果我们都需要做点事情，才能校正自己对神的信心，直至自己的信心与神真实的本性达到一致。

对神有合宜的畏惧是对的，要敬畏他的圣洁和权能，但是我们不需要再惧怕神的刑罚。我们已经说过，我们当中有很多人都认为神是严厉、要求严格的主管。事实上，他不是这样的（见出埃及记34:6，彼得后书3:9，诗篇147:11）。罗马书8:15说：你们所受的，不是奴仆的心，仍旧害怕；所受的，乃是儿子的心，因此我们呼叫："阿爸！父！"

有一件事使我觉得如释重负：其实神给了我失败的自

由，这是千真万确的。神不想我失败，但是他也给我做决定的自由。有时候，这些决定会让我失败。虽然失败了，他仍会张开双手，等候我奔向他的怀抱。这给了我自由，勇于为他冒险。

认识真理就截然不同

我们再看看耶稣的核心宣告：你们若常常遵守我的道，就真是我的门徒；你们必晓得真理，真理必叫你们得以自由。（约翰福音8:31-32）

人们往往把这句话的意思淡化为真理必叫你得以自由。但事实上，这并不是耶稣的意思。真理本身不能使你得自由，你必须认识真理，真正的认识真理。

从前我观看了不合宜的电视节目，因而陷入罪中。其实我可以随时将自己降服于神，抵挡魔鬼，问题便可迎刃而解。但那时我并不明白这真理，虽然我讨厌自己犯罪，但是却继续犯罪。然而，当我终于认识了这个真理，虽然当时我不能完全掌握，但是却可以胜过罪恶。

神是真实的，他已经创造了世界，使它能运转自如。当我们把自己的信念和行动与神的真理协调并达到一致，我们的信心便会产生果效，成为结果子的门徒。如果我们无法把信念和行动与神的真理协调并达到一致，可能是因为我们把信心放了在不正确的事情上，又或我们无法全然掌握真理，我们根本不"晓得"真理。那么，我们的信心就不会产生果效，也很难结出果子来。

就是这么简单。耶稣说：你们必晓得真理，真理必叫你们得以自由。

曾有一段时间，我以为自己非常了解圣经的真理。我知道，总会有一些真理我还需要多认识；在今生，也有一些事情我永远无法理解。然而，整体而言，我已经行出自己所相信的真理。感谢神，他有其他的计划，他引领我踏上另一个旅程，将真理从头脑的认知变成内心的转化。现在我知道，今后我要除掉自己所曾相信的谎言，并且以神话语里荣耀的真理取而代之，它对我每天的生活有很深远的影响。我还有一大段路要走，要与耶稣一起负轭并向他多多学习。

"你说得对，但我却有别于其他人……"

脱身术表演家哈利·胡迪尼（Harry Houdini）可以从最复杂的锁挣脱出来。我听过这件事，但不知道是真是假。有一把锁把他击败了，那次他被关在一个小房间里，他尽了一切努力要解开那把锁却失败了。到头来他弄到精疲力竭，然后放弃了，他贴着房间的门，出乎意料之外，门竟然就这样打开了。其实门并没有上锁，如果他早知道，他只要打开门就可以。但是他却相信了谎言，即使不断努力仍解不开那把锁。

我实在找不出任何理由，为何基督徒无法结果累累。我听过层出不穷的反对言论：

"你不知道我遭遇过什么事？"，"我目前的情况那么困难"，"我不够坚强"，"我的信心不够"，"我屡次让神失望，我彻底搞砸了""我是个彻底的失败者，什么都不是。"

这些都不是事实。为什么让这些事阻碍你向前迈进？下面这封信能给你鼓励：

我可以说，得着在基督里的自由拯救了我。

自在做自己

过去，从外表看，我是个快乐、自信、果断、成功的人。我完成了启发课程，颇固定地参加教会的聚会，教会的人也都欢迎我。

然而事实上，每一天我都在对抗沮丧、忧郁和极度的无助。我的生活充满了愤怒、暴力、淫乱、债务、纵欲、成瘾和谎言。我感到焦虑、害怕、内疚、羞耻、觉得自己没有价值，我是个真正的失败者。我一直在错误的地方寻找，想要找到某些事，或某个人，可以让我感觉"好一点"。在主日的晚上，我坐在教会里，感到非常生气——我气神为什么不帮助我；我气身边的人，为什么可以这么"投入"，唯独我却不能；我气自己不够好，无法感受到神的同在。我坐着，等着闪电，等着答案从天而降，等着我的心被医治，我的思绪变为清晰。有些主日，我必须紧紧抓住椅子，防止自己跑掉。大多数主日聚会之后，我回家躺在床上哭泣。

有一天主日聚会，讲台上有人读了一封信，由一位上过《在基督里得自由》课程的人写的。信里所有的内容好像是我写的一样，我生平第一次燃起一丝盼望，我可能会找到更好的出路。那晚，我踏出了寻觅自由的第一步，发了一封电邮到教会的网站，请求他们的帮助。然后我回到教会那栋建筑物，我在此完成了启发课程，并开始学习《在基督里得自由》课程。第一次的聚会改变了我的生命。我非常清楚且完全确信，我的确有更好的出路。我可以找到价值感、安全感，也会备受接纳。我可以打断绝望、无助的循环，不用再仰赖其他人或事物带给我安慰，我可以得着自由。

《在基督里得自由》课程带领我踏上探索神、探索自己的旅程。有时候我感到很痛苦，很多时，过去固有的思想会跑回来，脑袋里充满消极负面的想法——"我不配拥有这些……我不会得到赦免……我不能原谅自己……我不知道是否完全做得到……我担心别人怎么看我……人们对我非常失望。"然而还有其他基督徒环绕着我，他们以实际的建议和支持一路帮助我。最重要的是，圣灵不断以他的爱和平安充满我的心。

过去生命中每一个问题似乎都无法克服，现在我可以用正确的观点看这些问题，也能镇定地、以理性的态度处理大部分的问题。我不再被过去的伤痛捆绑，我会更多聚焦于现在和未来的日子。每一天我都想法子活出神心目中的生命。

现在我知道神非常爱我，他会尽一切所能，让我的人生经历最少的伤害、获得最大的喜乐。若要与神同行我需要有所准备，无论看来有多难，我要跟随他的引导，请求他的帮助，聆听他的建议。

最终我明白到，我期待我的"信心"会从天降临，满有天上荣耀之光辉，其实这只不过是一个选择而已。

我选择从心底饶恕那些曾经伤害过我的人，我也请求那些我曾经伤害过的人原谅我。

我选择找出更多真理，那就是神的话语。无论我觉得这些话真实与否我选择相信这些真理。

我选择接受在耶稣里的自由，这是一份很美好的礼物。为了回报耶稣的恩典，我选择让耶稣成为我生命的主人。

自在做自己

我不能做什么，让神爱我多些或少些，但是如果我选择相信真理，并且按此而活，每一天我就能更坚定、更满足地与神同行。

我是神的儿女，恶者不能碰我。
我是有价值的。
我是安全的。
我备受接纳。
我是蒙爱的。
我是有保障的。
在主里我心灵安稳。
我的生活满有平安。
一切都很好。
我获得了自由。

我察觉到耶稣来是特别要帮助那些以为是无盼望的人。他所受的委托就是要带好消息给被压迫的、瞎眼的和被捆绑的人。这些人大部分都觉得自己的情况十分糟糕，他们的问题太大，根本无法解决。然而这些都是谎言来的。

如果你想读一些整全的故事，多知道有些人如何信靠神的话语，生命因而得到改变，我推荐你读 *Songs Of Freedom*（书名意：自由之歌），这是由艾琳·米森（Eileen Mitson）编辑的一系列故事集（2006，Monarch莫纳出版社）。此外，还有卡罗琳·布拉姆霍尔（Carolyn Bramhall）写的 *Am I A Good Girl Yet*（书名意：我是个好女儿吗？2006，Monarch莫纳出版社）。这两本书的作者都阐明了选择相信神的话语，如何帮助她们找到在基督里的自由，成为结果子的基督徒，包括那些曾经被人完全放弃以及自暴自弃的人。

自在做自己

在此书的开头，我说你可以全然成为神心目中的人。真的可以吗？我希望你现在可以看到，这不单止有可能，而且你可以积极期盼成为神心目中的人。有两个主因：第一，神的属性和身分——他并不是一个残酷的奴隶管工，为你订下一个明知无法达到的目标。他绝不会要求你去做无法完成的事情。第二，你在基督里的新身分。你从内心深处成为圣洁、讨神喜悦的人，这是前所未有、最好的开始。当你活出了新的性情、新的身分，抓住了神所要赐给你的一切，你就能成为神心目中的那个人。其实这些都归结于耶稣已经释放你，你可以自在做自己！

有一天我观赏了一个特辑，是一些很有趣的家庭视频，其中一个视频让我感到意义深远，它记录了一只发人深省的拉布拉多猎犬的行为。这只狗想要到屋外去，它在大门边等待别人放它出去。原本的大门玻璃被拿掉了，即使没有打开门，它也可以穿过去。主人已经向它示意好几次，一直鼓励它跟他们走出去。但是狗儿却不肯，它还是停留在原本的思维，以为必须有人帮它开门，它才能出去。

通往自由的门已为你大开，我很想鼓励你走出去！

这与我们无关

结束这本书以先，我们要提醒自己为什么它是这么重要。

在某个层面，耶稣死了，你和我因而得到真正的自由，活出丰盛的生命，因此我们能够很满足地回顾他透过我们所成就的事情。

在另一个层面，他有更伟大的计划，启示录19:7-8这样说：

自在做自己

> 我们要欢喜快乐,
> 将荣耀归给他。
> 因为,羔羊婚娶的时候到了;
> 新妇也自己预备好了,
> 就蒙恩得穿光明洁白的细麻衣。
> (这细麻衣就是圣徒所行的义。)

这段经文有几件事情令我感到惊讶:

首先,羔羊的婚宴:这是前所未有最振奋人心、势在必行的事件。基督以新郎的身分迎娶他的新妇,也就是教会。这件事确实会发生,我们会以新妇的身分出席这婚宴。无论现在我们看起来怎么样,我们、也就是教会会变得很美丽,所有的目光都会投射在我们身上。

其次,新妇要预备好自己。我们不能期待神为我们做这件事,这是我们的责任。我们穿上细麻衣,它代表圣徒所行的义,也就是我们的好行为。

只要我们明白了在基督里我们是谁,并依据自己崭新的品格来生活,我们就能行公义,这是很自然的结果。我们会关注神所重视的正直与公义,并且想要在自己的社区传福音。我们坦诚与人分享信仰,不怕受到批评。我们尽上自己的本份,撒但就无计可施。我们会渴望在主里与弟兄姊妹同心同行。

我们不需要向神求"更多",基督已经活在我们里面!我们不需要求神浇灌更多圣灵给我们,他已经把圣灵浇灌下来。我们不需要求神赐下更多能力,我们已经拥有使基督从死里复活的能力。我们不需要求神给予更多权柄,我们已经拥有基督使万民作他门徒的权柄。最讨神喜悦的是,我们行公义并不是因为自己感到绝望、要寻求神的认可或爱（我们已经拥有这些东西），而是因为我们活出自己的本性。我们从心底渴望他得着荣耀。

期待在婚宴见到你！

www.ingramcontent.com/pod-product-compliance
Lightning Source LLC
Chambersburg PA
CBHW071313040426
42444CB00009B/2004